Dem Licht entgegen

Spirituelle Erlebnisse

Dem Licht entgegen
Spirituelle Erlebnisse

Herausgegeben von
Reinhard Staubach

Umschlagfoto: Himmel über Oberschwaben

Reinhard Staubach (Hrsg.)
Dem Licht entgegen
Spirituelle Erlebnisse

1. Auflage 1984
2. Auflage 1998
3. Auflage 1999
4. Auflage 2014

© Copyright by Reinhard Staubach
Ebersbach-Musbach, 2014

Herstellung und Verlag:
BoD - Books on Demand, Norderstedt

Nachdruck und Vervielfältigung jeder Art, auch auf Bild-, Ton-, Daten- und andere Träger, insbesondere Fotokopien (auch zum privaten Gebrauch), sind nicht erlaubt und nur nach vorheriger schriftlicher Absprache mit dem Autor möglich.

www.reinhard-staubach.de

ISBN 978-3-7357-8030-0

Inhaltsverzeichnis

Vorwort 7

Erinnerungen eine Vaters 9
  Tycho Siebke
Und es funktioniert doch 14
  Wilfried T. H. Vogt
Weil sie nein sagte 18
  Michael Panitsch
Geh' hinaus! 28
  August Schubert
Meine Bekehrung zum Evangelium Jesu Christi 31
  Dr. Lothar Peters
Die Folgen eines Vertrages 45
  Dieter von Rauchhaupt
Mein Freund Karl 50
  Dieter von Rauchhaupt
Jugendfahrt 53
  Dieter von Rauchhaupt
Im Dienste des Herrn 57
  Hermann C. Sievers
Fahre heute nach West-Berlin! 67
  Prof. Dieter Berndt
Innere Spannung 74
  Georg R. Schwarz

Die sollen nur kommen! 86
  Marianne Schmidt
Wo liegt Glückstadt? 90
  Marianne Schmidt
Der Krankensegen 92
  Marianne Schmidt
Trachtet zuerst nach dem Reich Gottes 94
  Udo Lange
Die griechischen Namen 102
  Baldur Stoltenberg
Heimkehr 107
  Margot Szalla-Köhler
Die Kraft des Gebets 111
  Fredy Lopper
Gefangenschaft und Heimkehr 116
  Johannes P. Hopfe
Ob Gott mich kannte? 126
  Erich Konietz
„... die Augen des Herrn haben auf dich gesehen ..." . 139
  Rudolf W. Neideck
Antwort vom Herrn 144
  Heinrich Stilger
Ein Paar Gummistiefel 149
  Heinz Staubach
Gott lebt! 155
  Johannes E. P. Kindt

Vorwort

„Elija war ein Mensch wie wir; er betete inständig, es solle nicht regnen, und es regnete drei Jahre und sechs Monate nicht auf der Erde. Und er betete wieder; da gab der Himmel Regen und die Erde brachte ihre Früchte hervor." (Jakobus 5:17-18)

Von solchen und ähnlichen Geschehnissen lesen wir in heiligen Schriften. Wunder und spirituelle Erlebnisse sind wesentlicher Bestandteil des Urchristentums. Wie sieht es heute aus? Gibt es heute noch Menschen unter uns, die Wunder erlebt oder sogar herbeigeführt haben? Gelegentlich erfahren wir durch die Medien von großartigen Wundern und übersinnlichen Wahrnehmungen. Und manchmal entpuppen sie sich als Betrug.

Die Mitglieder der Kirche Jesu Christi der Heiligen der Letzten Tage glauben, dass Gott auch heute noch zu den Menschen spricht, dass sie Offenbarungen haben können, und dass sie durch die Macht des Priestertums Wunder herbeiführen können. Ich habe einige Mitglieder der Kirche gebeten, Erlebnisse aufzuschreiben, bei denen sie himmlischen Einfluss verspürten. Das vorliegende Buch enthält Berichte, die daraufhin bei mir eingingen. Die Autoren dieser Berichte sind als aufrichtige und ehrliche Menschen bekannt. Die meisten kenne ich persönlich.

Einige von denen, die ich um ihre Erlebnisse bat,

sagten mir, dass sie zwar spirituelle Erlebnisse gehabt hätten, die sie jedoch nicht veröffentlichen möchten. Sie seien zu persönlich oder zu heilig und der Leser würde nicht erfassen können, was tatsächlich geschah. Auch in den vorliegenden Berichten weisen einige Autoren darauf hin, dass sie etwas wahrgenommen haben, was so real ist wie das tägliche Licht, wofür ihnen aber Begriffe und Vergleiche fehlen. Andere wiederum scheinen nichts Übersinnliches wahrgenommen zu haben und sind dennoch zutiefst vom Erlebten beeindruckt. Alle Autoren sind sich darin einig, dass sie durch diese Erlebnisse davon überzeugt, oder dass die bereits vorhandene Überzeugung bestärkt wurde, dass ein mächtiger Gott lebt.

Ich möchte an dieser Stelle den Autoren und allen, die mitgeholfen haben, dieses Buch zu ermöglichen, recht herzlich danken.

Maintal, den 14. September 1984

Reinhard Staubach
Herausgeber

Erinnerungen eine Vaters
Tycho Siebke

Der Tag hatte offenbar wie immer begonnen, denn ich kann mich an keine Einzelheiten erinnern: wie auch sonst werde ich etwas in Eile das Frühstück zu mir genommen haben, mit den Gedanken halb schon „bei der Arbeit", halb aber noch bei meiner Frau und unserem Sohn, der uns mit seinen bald zwei Jahren immer wieder Überraschungen bescherte. Ein flüchtiger Kuss, ein schnelles Streicheln über die weißblonden Haare, „Tjüs", Brille, Taschentuch, Portemonnaie, Notizbuch - ja, alles da.

Es war ein schöner Oktobertag, sicher grüßten wir uns freundlich, die Männer aus der Nachbarschaft, die wie ich ihren Arbeitsplatz im gleichen Betrieb hatten, der Schuster von gegenüber, der mir durch das große Fenster seiner Werkstatt zuwinkte, weiter unten der noch etwas müde Friseur, der frische Luft in den Salon ließ, die Bekannten unter den Patienten, die vor der Arztpraxis darauf warteten, hineingelassen zu werden.

Ein schöner Tag. Auch im Werk verlief alles so, dass die Zeit wie im Flug verging und nichts Erinnerungswertes passierte, bis kurz vor fünf Uhr nachmittags, als ich die letzten Schriftstücke zur Hand nahm. Das Telefon klingelte, es klang irgendwie anders als sonst so oft am Tag: „Der Junge ist gefallen, komm bitte schnell", hörte ich die Stimme meiner Frau.

So schnell sind meine Sachen noch nie vom Schreibtisch geräumt worden. Wenige Minuten später stehe ich vor unserem Sohn. Er hat die Augen geschlossen, liegt auf dem Rücken und rührt sich nicht. Ich taste seinen kleinen Körper ab. Ist etwas gebrochen? Beine - nein, Arme - nein, Brust - nein, der Kopf? Der Junge sagt „Weh" und weint leise. Auf Fragen reagiert er nicht. - Seine dreijährigen Freunde hatten meiner Frau erklärt: „Titi Treppe fallt." Ganz unten vor der Waschküchentür des Nachbarhauses fand ihn meine Frau am Ende der Außentreppe, die zum Keller hinunterführt. Er war auf das Geländer geklettert und muss den Halt verloren haben. Fallhöhe etwa drei Meter wird mir bewusst und keine Schramme, keine sichtbare Beule?

Der Junge rührt sich nicht, klagt aber leise. Gehirnerschütterung, Schädelbruch vielleicht? - Wie ohnmächtig und hilflos wir sind. Hilflos? Wir beten und flehen unseren himmlischen Vater an, unseren Sohn zu segnen. Und eine Stimme in mir fragt: „Wie denn? Wozu hast du das Priestertum erhalten, wenn nicht zum Segnen?"

Nachdem ich unseren Sohn gesegnet habe, wird er zusehends ruhiger. Gegen 19.30 Uhr schläft er ein, um 22.00 Uhr wird er wieder wach und trinkt eine

Flasche Kindernahrung. Sein Kopf ist noch sehr empfindlich; aber er schläft gleich wieder ein. Uns erfüllt eine große Ruhe und Dankbarkeit.

Am nächsten Morgen ist unser Sohn zwar noch etwas benommen, aber sonst ganz in Ordnung. Zur eigenen Beruhigung und um ganz sicher zu gehen, geht meine Frau mit ihm zum Arzt, der ihn zum Röntgen überweist. „Sofort ins Krankenhaus!", wird angeordnet. Der Schädel sei unter der heilen Kopfhaut wie eine Nussschale in zwei Hälften gespalten. Der Riss gehe von einem Ohr über den Scheitel zum anderen Ohr.

Und meine Krankensegnung?

Der Junge will nicht im Krankenhaus bleiben. Er weint. Er schreit: „Mama, Papa!" Wir können es kaum ertragen. Warum muss er hier bleiben? Die Ärztin erklärt mir, dass bei solch einem Schädelbruch ständig ärztliche Aufsicht und ein Ruhigstellen des Kindes nötig sei. Außerdem wäre es selbst dann höchst unwahrscheinlich, dass dieser Unfall ohne sehr ernste und bleibende Folgen sein werde. Und sie erklärt mir genau, wieso und warum. - Der Junge weint und ruft. Was sollen wir tun? Wir sind so beeindruckt, dass wir dem Rat der Ärztin folgen.

Und meine Krankensegnung?

Wir beten wieder. Fehlt es uns am Glauben? Oder sollen wir nicht auch alle verfügbaren menschlichen

Mittel einsetzen: Ärzte, Medikamente, Krankenhaus ...?

Am folgenden Tag wieder dieselben Fragen, wieder dieselben Bitten und im Hintergrund die Stimme der Ärztin: „... höchst unwahrscheinlich ..." Und inmitten des Bittens und Fragens wird es in mir plötzlich ganz hell, mich erfüllt ein ungeheures Glücksgefühl und die Gewissheit: Der Junge wird diesen Schädelbruch ohne Schaden überstehen!

Am liebsten hätte ich ihn sofort nach Hause geholt; aber wie kann man Ärzte von einer „himmlischen Diagnose" überzeugen?

Unser Sohn wurde nach einem Monat, sehr zu Verwunderung der Ärzte, ohne Schäden als geheilt entlassen. Als sein Kopf nach zwei Jahren erneut geröntgt wurde, weil er in eine Fensterscheibe gefallen war, war von dem Riss keine Spur mehr zu sehen.

TYCHO SIEBKE, verheiratet und Vater von vier Kindern, wurde 1929 in Heide, Schleswig-Holstein, geboren. Aus einer Lehrerfamilie stammend, studierte er Eisenhüttenkunde in Aachen. Er schloss das Studium als Dipl.-Ing. ab und ist heute Betriebsleiter eines Walzwerkes für nahtlose Rohre. 1964 wurde er durch die Taufe Mitglied der Kirche. Seit 1976 ist er als Ratgeber des Pfahlpräsidenten tätig. Vorausgegangen waren viele andere Berufungen.

So war er als Sekretär, Kollegiumspräsident, Zweigpräsident und bei drei Missionspräsidenten als Ratgeber eingesetzt. Seine Hauptaufgabe sieht er jedoch darin, seiner Familie ein guter Vater zu sein. Erst dann kommen Beruf und Berufung. Die musischen Fächer sind sein Hobby, besonderes Interesse gilt der Musik.

Und es funktioniert doch
Wilfried T. H. Vogt

Als junger Mann schloss ich mich der Kirche Jesu Christi der Heiligen der Letzten Tage an. Am meisten hat mich damals beeindruckt, dass ein Junge von vierzehn Jahren (Joseph Smith jr.) eine so überraschende Antwort auf sein glaubensvolles Gebet erhalten hat. Er hat eine Vision gehabt und wusste, dass Gott lebt und was er von ihm erwartete. Ich glaubte die Geschichte, war von der Kirche zu jener Zeit jedoch noch nicht ganz überzeugt.

Um ebenfalls ein geistiges Erlebnis haben zu können, fuhr ich deshalb eines Tages mit meinem Motorroller allein weg, bepackt mit Kirchenbüchern und einem Zelt. Ich hatte die Absicht zu fasten, zu studieren und zu beten. Warum sollte es nicht klappen?

An dem von mir vorgesehenen Platz baute ich das Zelt auf, las im *Buch Mormon*, betete und machte mir Gedanken. Ich befand mich auf einer einsamen Anhöhe an der Bergstraße, von der ich in die Rheinebene und auch ins Hinterland blicken konnte. Die Nacht verbrachte ich im Zelt. Am nächsten Morgen betete ich wieder, las und machte Spaziergänge. Nichts geschah. Als ich an einem Kirschbaum vorbeikam, bemerkte ich meinen Hunger und aß mich an der Kirschen satt. Etwas enttäuscht fuhr ich von jener Unternehmung zurück.

Zum Glück hörte für mich die Geschichte damit nicht auf, denn die geistigen Erlebnisse, auf die ich damals hoffte, blieben nicht aus.

Jahre später wurde mir gemeldet, dass eine Frau, die schon ein halbes Jahr schwer unter Asthma litt, eine Krankensegnung wünschte. Ich war damals Zweigpräsident in der Kirche. Einen Bruder, den ich sehr schätzte, informierte ich über den Wunsch der Kranken und bat ihn, zu der Krankensegnung mitzukommen. Wir beschlossen zu fasten und die Frau am nächsten Tag zu besuchen.

Ich hatte die Schwester ein halbes Jahr nicht mehr gesehen. Als ich sie sah, schnitt es mir tief ins Herz. Sie litt sehr und musste buchstäblich um jeden Atemzug ringen. Wir versammelten die Familie zu einem vorbereitenden Gebet. Mein Begleiter salbte die Frau, und ich bestätigte und siegelte die Salbung. Dabei fühlte ich mich getrieben, unter anderem zu sagen, dass diese Krankheit nie wieder zurückkehren würde.

Doch was geschah?

Kurz nachdem ich diese starken Worte ausgesprochen hatte, wurde ich sehr kleingläubig. Ich fragte mich, was wohl geschehen würde, wenn diese Prophezeiung nicht in Erfüllung ginge? Welches Vertrauen könnten vor allem die beiden kleinen Söhne dieser Frau in die Macht des Priestertums haben, wenn ihre

Mutter nicht gesund würde? Sehr ängstlich und häufig habe ich mich nach dem Befinden der Schwester erkundigt. Nun, sie wurde gesund. Diese Schwester fühlte sich inspiriert, den Arzt zu wechseln. Der neue Arzt hatte eine andere Behandlungsmethode. Er riet ihr auch, den Inhalationsapparat wegzulassen, mit dem sie sich immer Erleichterung verschaffte, wenn sie gar zu sehr um Atem ringen musste. Obwohl ihr das sehr schwer fiel, konnte sie es kraft der bei der Segnung gesprochenen Worte doch schaffen. Die Prophezeiung hat sich buchstäblich erfüllt.

Dies ist nur eine Erfahrung von etlichen, die zeigt, auf welche Weise sich an mir jene Kundgebung des Geistes vollzog, um die ich als junges, nicht ganz überzeugtes Mitglied, rang. Nach vielen Bezeugungen, die von der Wahrheit des Evangeliums Jesu Christi gegeben sind, füge ich meine hinzu. Es ist wahr! Es funktioniert.

WILFRIED T. H. VOGT, fährt auch heute noch gerne mit seiner Familie und einem Zelt weg. Die Pfadfinderarbeit seiner Jugend hat ihn nie ganz losgelassen. Bis zum Pfadfinderführer der Landesmark Nordbaden im deutschen Pfadfinderbund war er aufgestiegen. Als Sohn einer Handwerkerfamilie lernte er Maschinenschlosser und bildete sich weiter zum Konstrukteur für Offset-Druckmaschinen. Nachdem er von Missionaren belehrt worden war, schloss er sich 1962 der Kirche Jesu Christi der Heiligen der Letzten Tage an. In der Kirche wurde er zu verschiedenen Aufgaben berufen. Er war als GFV-Leiter, Zweigpräsident, Kollegiumspräsident, Gemeindemissionsleiter, Ratgeber in der Distriktspräsidentschaft u.a.m. tätig.

Weil sie nein sagte
Michael Panitsch

Es war der 13. Mai 1946. Der Zug hielt zischend und fauchend auf dem Gleis 6 im Hamburger Hauptbahnhof. Es war Spätnachmittag. Mein Reisegefährte und Kamerad und ich stiegen aus. Es war eine sehr lange Fahrt von Bad Kreuznach aus dem Entlassungslager der französischen Armee. Eine lange Fahrt mit vielen Hindernissen und langen Wartezeiten. Aber ich war frei! Frei nach vier Jahren Ostfront und einem Jahr Kriegsgefangenschaft in Südfrankreich. Genau gesagt: ein Jahr, ein Monat und acht Tage.

Hamburg Hauptbahnhof. Müde, abgemagerte Menschen hasten vorbei. Der Bahnhof war nur notdürftig zusammengeflickt, überall noch Spuren der schweren Bombenangriffe, keine einzige heile Glasscheibe. Wir nahmen unser „Gepäck". Bei mir bestand es nur aus einer „Garnitur" Unterwäsche, einem alten Militärmantel, einem Taschentuch und einer Bibel. Das heißt, es war nur das neue Testament. Ich bekam es in den letzten Tagen der Gefangenschaft geschenkt. Ich habe dieses Buch heute noch zu Hause und halte es in großen Ehren. Auf der Titelseite steht: „Sonderausgabe zur Betreuung der Kriegsgefangenen. Genf 1945."

Vielleicht war es damals das erste Mal überhaupt,

dass ich mit Religion und speziell mit der Bibel in Berührung kam. Ich weiß es noch, am 5. März 1946 bekam ich das Büchlein und begann sofort zu lesen. Ich hatte erwartet, ein äußerst schwieriges und kaum verständliches Skript vorzufinden. Doch groß war mein Erstaunen! Ich konnte es fließend und mit wachsendem Interesse lesen, und ich glaubte sogar, vieles daraus zu verstehen. Im Nu hatte ich das kleine Buch durchgelesen, begann wieder von vorn und studierte dann die mich am meisten beeindruckenden Erlebnisse. Es erfüllte mich mit bis dahin ungekannter Freude.

Hamburg Hauptbahnhof. Wir gingen langsam die Treppen hoch, die auf die Straße führen. Meine Güte! Wie sieht Hamburg aus? Ich sah nur Trümmer. Trümmer, Steine, Ruinen. Kaum ein Haus mit Dach oder Fenstern. Alte Straßenbahnen fuhren langsam in verschiedene Richtungen. Wir fragten einen mageren Polizisten nach der Linie 33, die in Richtung Wilhelmsburg/Harburg fahren sollte. Er erklärte uns, wo die Endstation sei. An der Endstation erfuhren wir, dass es keinen richtigen Fahrplan gibt. Der Strom wurde immer wieder abgeschaltet. Dann fuhr sowieso nichts. Zu Fuß? Etwas zu weit nach Wilhelmsburg. Also warteten wir.

Glück muss der Mensch haben. Es kam tatsächlich noch eine Linie 33, die sofort von vielen Menschen „geentert" wurde. Nach kurzem Aufenthalt fuhren wir los. Ich stand am Fenster und sah nur notdürftig abgeräumte Steine. Kaum Bäume. Hier und da kam Rauch aus der Erde, das sichere Zeichen für einen Keller, wo die Hamburger hausten. Immer wieder Trümmer - eine schier unendliche Wüste!

Nach sehr langer Fahrt - endlich Wilhelmsburg. Wir hatten eine kleine Skizze, die der Vater meines Kameraden gezeichnet hatte, und fanden sofort unser Ziel. Ich war sehr froh, endlich frei zu sein, eine Arbeit zu haben, ein Dach über dem Kopf. Was wollte man in dieser schweren Zeit noch mehr? Nach sehr langer Zeit besuchte ich zum ersten Mal ein Kino.

Aber die Kriegsjahre waren nicht spurlos vorübergegangen. Nach einigen Wochen stellte sich heraus, dass ich sofort ins Krankenhaus musste, um ein in der Gefangenschaft zugezogenes schweres und langwieriges Leiden auszukurieren. Ein Anderer wäre vielleicht traurig darüber gewesen. Ich war es nicht. Zum ersten Mal nach mehr als fünf Jahren lag ich im weiß bezogenen Bett, hatte frische Wäsche und jeden Tag ein gutes und geregeltes Essen! Die ersten Wochen meines Aufenthalts schlief ich Tag und Nacht. Ich ruhte mich so richtig aus.

Im Krankenhausgelände, mit vielen verschlungenen Wegen, vielen Bäumen und Bänken, waren auch Frauenstationen. Die Krankenhausverwaltung wollte wohl keine unnötigen Komplikationen und hatte die

Zeiten, in denen man spazieren gehen konnte, so gelegt, dass die Männer spazieren gingen, wenn die Frauen Liegekur machen mussten und umgekehrt. Aber abends nach dem Essen, da hatte man noch gut zwei Stunden frei. Bei einer dieser „Stunden" nach dem Abendbrot lernte ich ein entzückendes junges Mädchen kennen. Von da an trafen wir und öfter und unterhielten uns über dieses und jenes. Man muss sich erinnern, damals gab es mehr zu erzählen als heute. Und eines Tages fasste ich mir das Herz und lud sie zum Tanzen ein. Es war an einem Sonntag! Dem Krankenhaus gegenüber war eine Gaststätte, wo sonntags getanzt wurde. (Neulich fuhr ich dort vorbei. Die Gaststätte steht noch und ist am Sonntag immer noch zum Tanzen geöffnet.) Wer mich kennt weiß, wie schlecht ich tanze. Meistens überhaupt nicht. Aber ich dachte, es würde ihr Freude machen, tanzen zu gehen. Sie schaute mich an und sagte: „Wenn ich am Sonntag freibekomme und in die Stadt fahren darf, dann gehe ich zur Kirche." Ich erinnere mich noch sehr gut, wie erstaunt und angenehm berührt ich im Moment war. Ich dachte damals, dass Religion etwas sei, was die alten Leute interessieren dürfte, und da stand ein nettes junges Mädchen und sagte ohne sich zu schämen: „Ich gehe am Sonntag in die Kirche." Auf dem Krankenhausgelände war eine Kirche, die von beiden Konfessionen abwechselnd benutzt wurde. Also fragte ich:

„Hier? In diese Kirche?", und zeigte auf das Gebäude. „Nein", sagte sie, „ich bin nicht in dieser Kirche. Ich bin in der Kirche Jesu Christi der Heiligen der Letzten Tage." Ich war baff. Sie beeilte sich zu sagen: „Man nennt uns auch Mormonen, haben Sie schon mal was davon gehört?" Ich musste verneinen. Ich hatte noch nie etwas davon gehört. Sie sagte weiter: „Doch, doch! Sie haben bestimmt gehört, dass man den Mormonen nachsagt, sie lebten immer noch in Vielehe!" Aber nicht einmal das hatte ich je gehört. Sie fragte mich, welcher Kirche ich denn angehöre und wie ich überhaupt zur Religion stehe. Ich konnte mit nichts dienen, außer dass ich das Neue Testament gelesen und sogar hier im Krankenhaus bei mir hätte. Ich bat sie um Bücher oder irgendwelche Schriften, um mich besser zu informieren. Das hatte mich nun wirklich gepackt. Kurz danach bekam ich zum ersten Mal das *Buch Mormon* in die Hand. Nach gut vierzehn Tagen hatte ich es durchgelesen. Aber wenn ich ehrlich sein will, das Buch hat mich zwar ungemein beeindruckt, aber mein Herz noch nicht maßgeblich angerührt. Das blieb einem anderen Buch vorbehalten, welches heute noch neugebunden als ein teures Andenken, in meinem Bücherregal steht: Wichtiges aus der Kirchengeschichte, von Joseph F. Smith. Ich las es Tag und Nacht. Ich glaube, ich versäumte sogar einige Verabredungen deswegen. Die Erlebnisse der Heiligen, ihre

Verfolgung, ihre Nöte - aber auch ihre Treue und Ergebenheit, der Mord an dem Propheten Joseph Smith - es waren faszinierende Begebenheiten. Ich war sehr beeindruckt und las das Buch immer wieder.

Irgendwann im Oktober 1946 sagte meine tüchtige Freundin, sie bekäme Sonntag frei und wolle die Kirche besuchen. Wenn ich Lust hätte, könnte ich mitkommen. Es kostete mich viel Überwindung mitzufahren. Nicht, dass ich die Kirche nicht kennen lernen wollte. Im Gegenteil! Ich brannte darauf. Aber ich bin von Natur aus sehr schüchtern im Umgang mit Unbekannten. Zum Glück überwand ich mich und fuhr mit. Damals gab es nur eine Gemeinde in Hamburg, die nicht ganz ausgebombt war, in Altona, in der Kleinen Westernstraße. Wir kamen etwas zu spät. Die Türen waren verschlossen. Davor standen zwei junge Männer als Ordnungsdienst und mehrere Leute, die ebenfalls zu spät gekommen waren. Wir wurden von allen sehr freundlich und nett begrüßt, vor allem Mary, meine gute Freundin, die sehr beliebt zu sein schien. Dann wurden die Türen geöffnet und wir durften hineingehen. Es war proppenvoll! Alle Plätze waren besetzt. An den Wänden entlang standen Hunderte von Jugendlichen, weil nicht so viel Sitzplätze vorhanden waren. Die herrlichen Lieder beeindruckten mich ebenfalls sehr. Nach dem gemeinsamen Versammlungsteil trennten sich die Anwesenden und gingen in verschiedene Klassen. Fast jeder beteiligte sich und sagte ehrlich, was er dachte. Es wurde gescherzt und auch mal gelacht. Alles ging so natürlich, so zwanglos zu. Jeder kannte jeden und war jedermanns Freund. Ich war sehr beeindruckt von diesem Besuch und brannte darauf, mehr zu erfahren und zu wissen.

Nach einigen Monaten wurde ich in eine Heilstätte verlegt. Dort hatte ich viel Zeit, über alles nachzudenken, alle verfügbaren Bücher der Kirche zu lesen und zu studieren. Mit Mary korrespondierte ich jeden Tag. Ich hatte viele Fragen. Sie wurden beantwortet, zum Teil von ihr selbst, aber viel auch von dem damaligen ersten Ratgeber in der Gemeindepräsidentschaft. Mitunter waren die Antworten bis zu zehn Seiten lang. Aber diese Zeit war eine gute Vorbereitung für meine Taufe, zu der ich fest entschlossen war. Nun war es damals nicht so wie heute, wo man, wenn jemand nur eine Andeutung macht, dass er getauft werden wolle, sofort das Wasser in das Taufbecken einlaufen lässt! Da wir damals keine eigenen Gemeindehäuser und also auch keine Taufbecken hatten, mussten wir warten, bis sich genügend „Interessenten" gemeldet hatten, so dass es sich auch lohnte, eine Badeanstalt zu mieten. Auch wurden die „Kandidaten" vor der Taufe von der Gemeindepräsidentschaft regelrecht geprüft. Es wurden Fragen gestellt wie etwa: „Wer war Brigham Young?" oder „Warum mussten die Heiligen aus

Nauvoo fliehen?" Am 7. Juni 1947 war es dann für mich soweit. Mit 84 oder 86 anderen wurde ich getauft und als Mitglied der Kirche bestätigt und aufgenommen.

Sicher hatte mich der Herr zu diesem Ziel geführt und geleitet. Aber er bediente sich eines treuen jungen Mädchens, das keine Kompromisse kannte. Wie oft hört man von unserer Jugend heute: „Ach, wenn ich mal mit ihm tanzen gehe, auch mal am Sonntag, dann kommt er am nächsten Sonntag vielleicht mit zur Versammlung." Es ist bestimmt gut gemeint und mag im einen oder anderen Fall zutreffen. Aber viel besser ist es, gleich die Wahrheit zu sagen, nämlich, dass man am Sonntag nicht tanzen geht, weil es Sonntagsentheiligung ist und das Gebot besteht, am Sonntag in die Kirche zu gehen. Ich weiß bestimmt, wäre Mary damals mit mir tanzen gegangen, nur in der Hoffnung, dass ich dafür mal mit ihr in die Kirche käme, dann hätte sie in meinem Inneren viel zerstört. Aber wie gesagt - ich hatte Glück! Auch ihre große Familie, alles treue gute Heilige der Letzten Tage, waren ohne Kompromisse; sie hielten die Gebote in jeder Lebenslage. Es war eine schwere Zeit voller Nachkriegsentbehrungen. Aber wir waren immer lustig, voll guten Mutes und hilfsbereit.

So kam ich mehr oder weniger durch ein „Nein" zur Kirche. Selbstverständlich haben wir kurz danach geheiratet. Ich erwähne es, damit es in dieser guten Geschichte ein „Happy End" gibt. Meine gute, treue und tüchtige Frau ist vor vier Jahren in ihre himmlische Heimat zurückgerufen worden.

Seit meiner Ankunft am Hamburger Hauptbahnhof sind gute 37 Jahre vergangen. Alle Trümmer und Ruinen sind verschwunden. Unsere Gemeinden in Hamburg haben alle eigene Gemeindehäuser. Es gibt keine „Prüfungen" mehr, jeder kann getauft werden, wenn er den Wunsch dazu hat und bereit ist, die Gebote zu befolgen. Es hat sich viel verändert seit der Zeit. Aber immer noch denke ich daran zurück, wenn ich mit dem Bus (Straßenbahnen gibt es hier nicht mehr) vom Hamburger Hauptbahnhof nach Wilhelmsburg fahre. Mein Zeugnis ist gewachsen, trotz - oder gerade wegen - der vielen Prüfungen. Die Kirche hat aus mir einen neuen (ich weiß bestimmt: besseren!) Menschen gemacht. Alles nur, weil ein Mädchen der Kirche zur rechten Zeit „Nein" sagte.

MICHAEL PANITSCH sagt von sich, dass seine Talente und Hobbys auf dem Gebiet der Technik und Mechanik, aber auch im Bereich der Organisation und Verwaltung der Kirche liegen. Er repariert alles, oder wenigstens fast alles. In der Kirche ist er stets aktiv gewesen und hat bedeutende

Führungspositionen innegehabt: Distriktspräsident, Pfahlpräsident, Bischof etc. Durch diese Tätigkeiten hatte er bereits sehr viel Einfluss auf die Mitglieder der Kirche weit über die Grenzen Hamburgs hinaus. Aus seiner Ehe mit Mary gingen zwei Jungen und ein Mädchen hervor. Nach seinem Schulabschluss hatte er Kinomechaniker gelernt. Heute arbeitet er als Gerätewart und Magazinverwalter bei der Hafeneisenbahn. Er liest gerne und hört gerne gute Musik.

Geh' hinaus!

August Schubert

Den ganzen Nachmittag schon lagen die drei Segelschiffe im Hafen. Eine große Anzahl Jugendlicher, alles Mitglieder der Kirche Jesu Christi, war mit ihnen die jugoslawische Küste entlang gefahren, und nun freute man sich, bei einem Besuch auf dem Festland die Stadt näher kennen zu lernen.

Das Ziel der Schiffe sollte Dubrovnik sein. Man hatte viel erlebt an Bord der Segelschiffe und bei den Landausflügen an den vergangenen fünf Tagen. Morgen Abend würde man von Dubrovnik mit einem Schnelldampfer zurück nach Rijeka fahren, um dann am Morgen mit dem Zug von dort die Rückreise nach München anzutreten. Alles war gut geplant, und die Jugendtagung war bis jetzt reibungslos verlaufen.

„Er ist einfach weggelaufen!", rief mir jemand zu, als ich von der Stadtbesichtigung zu den Segelbooten zurückkehrte. „Es hat Streit gegeben, und da ist er weggelaufen!", fügte ein anderer Jugendlicher hinzu.

„Nun, er wird sicher zurückkommen", beruhigte ich sie. „Die Abfahrtzeit ist in einer Stunde, bis dahin kommt er sicher zurück."

Die Abfahrtszeit kam heran, alle waren an Bord der Schiffe, nur einer nicht. „Wir müssen pünktlich in Dubrovnik sein", bemerkte der Kapitän. „Ja, und auch unseren Zug in Rijeka müssen wir pünktlich erreichen", setzte ein Bruder hinzu.

Wir waren in eine schwierige Situation geraten, und eine Entscheidung musste getroffen werden. Ein Bruder und ich entschlossen uns, die Schiffe pünktlich weiterfahren zu lassen und im Hafen zurückzubleiben, um auf eine eventuelle Rückkehr des Ausreißers zu warten. Wir würden dann später mit dem Bus oder Zug nach Dubrovnik nachkommen. Bevor wir jedoch auseinander gingen, versammelte ich mich mit einigen Jugendlichen und Erwachsenen in einer Kajüte, um ein Gebet zu sprechen. Wir legten dem Vater im Himmel unsere Situation dar, in die wir geraten waren. Wir dankten ihm für all die schönen Erlebnisse, die wir auf dieser Jugendtagung hatten, und baten ihn, dass er uns helfen möge, diese Tagung zu einem guten Abschluss zu bringen. Nach dem Gebet begaben wir uns zusammen mit dem Kapitän zur Hafenpolizei, um das Abhandenkommen des Jugendlichen zu melden. Während wir dort die Formalitäten erledigten, erfasste mich eine starke Kraft und eine leise feine Stimme forderte mich auf: „Geh' hinaus!"

Ich entschuldigte mich und ging hinaus vor die Tür. Da stand ich nun. Vor mir der große Platz des Hafens, er war leer. Die drei Segelboote wartete auf die Rückkehr des Kapitäns, um die Weiterfahrt anzutreten. Links führte die Straße zur Stadt mit den hunderten von winkligen Gässchen. Rechts verengte sich der Platz zu einer breiten Straße, die an den Geschäften vorbei der Küste entlang verlief. Eigentlich hatte ich gar keine Zeit zu entscheiden, wo ich weitergehen sollte; denn wieder war die leise, sanfte Stimme zu hören: „Links!" Ich folgte und ging 200 Meter in diese Richtung, von wo ich einen Einblick auf einen kleinen Platz hatte. Da stand er. An einen Baum gelehnt und schaute mich an. Er wollte weglaufen, aber ich rief ihn beim Namen. Er blieb stehen, ich ging zu ihm. Wir hatten beide Tränen in den Augen, als wir uns umarmten und zum Schiff zurückkehrten. Mit der Hilfe des Herrn fuhren wir alle pünktlich ab.

AUGUST SCHUBERT, 1944 geboren, wurde 1967 von Missionaren der Kirche bekehrt. Er hatte bereits viele Führungspositionen in der Kirche inne und ist seit 1977 Präsident des Pfahles München. Der gelernte Hotelkaufmann leitet heute ein Kurheim in Bad Reichenhall. Er ist verheiratet und hat zwei Kinder.

Meine Bekehrung zum Evangelium Jesu Christi

Dr. Lothar Peters

In einem gewissen Sinn bin ich immer ein gläubiger Mensch gewesen; ich hatte immer an Gott geglaubt und war auch stets daran interessiert, über religiöse Fragen zu diskutieren - eine Gelegenheit, die sich allerdings ziemlich selten in geeigneter Form bot. In die Kirche bin ich selten gegangen. Wenn ich dies doch einmal tat, dann war das Ergebnis sehr unterschiedlich; manchmal kehrte ich mit dem Gefühl der Befriedigung nach Hause, manchmal sogar etwas verärgert über die wenig anziehende und formale Durchführung des Gottesdienstes und die Art der Argumentation.

Mit den Mormonen hatte ich meinen ersten Kontakt etwa im Jahr 1962. Ich kann mich nicht mehr genau an die damaligen Besuche erinnern. Meine übergroße Skepsis gegenüber dem *Buch Mormon* und die recht schwierige Situation, in der ich mich damals befand, müssen wohl dazu geführt haben, dass ich die Missionare bat, ihre Besuche bei uns einzustellen. Es war wahrscheinlich für beide Seiten gut, denn dies geschah zu einer Zeit, als ich außerordentlichen Belastungen unterworfen war, welche sich über einige Jahre hinzogen: meine Mutter siechte an Multipler

Sklerose dahin, mein Stiefvater litt stark unter den Folgen einer Gehirnverletzung, meine Frau und ich waren jung verheiratet und hatten ein kleines Kind zu betreuen. Ich selbst war berufstätig und schrieb in meiner Freizeit meine Doktorarbeit, die unter Zeitdruck stand. Durch den jahrelangen Druck war ich ziemlich nervös geworden.

Viel ist mir von den ersten Besuchen der Missionare nicht in Erinnerung geblieben. Ich hatte aber damals den Eindruck gewonnen, dass diese Glaubensgemeinschaft sehr gut organisiert ist, vor allem in vorbildlicher Weise die in Not geratenen Mitglieder betreut und auch, dass es keine bezahlten Kirchenämter im engeren Sinne gibt. Vor der Ernsthaftigkeit des Glaubens der Mormonen und den daraus resultierenden Werken hatte ich Respekt bekommen. Die Lehre allerdings - soweit ich sie überhaupt kennen gelernt hatte - erschien mir höchst merkwürdig und zweifelhaft.

Etwa im Mai des Jahres 1971 machten zwei Missionare erneut den Versuch, mit uns über das Evangelium zu sprechen. Der Kontakt begann damit, dass sie uns im Abstand von einigen Tagen Broschüren in den Briefkasten einwarfen. Diese erregten mein Interesse. Als dann eines Tages die beiden Missionare bei uns klingelten, war ich gerne bereit, mich mit ihnen zu unterhalten. Ich dachte bei mir: man wird ja nicht dümmer dabei.

Es ergab sich dann bald, dass die beiden Missionare und ich uns jede Woche einmal zu einer Unterhaltung trafen. Sie verliefen wahrscheinlich nicht in den üblichen Bahnen, denn ich stellte eine Menge Fragen und ließ nicht locker, wenn ich die Beantwortung nicht befriedigend fand - und das geschah des öfteren. Vor allen Dingen interessierte mich immer wieder, welchen Grund man denn habe zu glauben, dass die Bibel wirklich das Wort Gottes ist. Die Bibel zu zitieren ist zweifellos solange wenig sinnvoll, wie der Gesprächspartner nicht davon überzeugt ist, dass sie etwas anderes als eine Sammlung von Mythen und alten Geschichten ist. Nach den ersten Gesprächen taten mir meine Besucher fast leid. Sie beeindruckten mich zwar durch ihre ruhige und demütige Haltung und den Ernst ihres Glaubens. Aber es war ihnen nicht möglich gewesen, meine Bedenken zu zerstreuen und meine Ansichten zu widerlegen. Sie bekamen irgendwie keinen „Grund unter die Füße".

Eine Wandlung trat erst dann ein, als ich anfing, mich gleichzeitig mit den Zeugen Jehovas zu unterhalten. Ihnen gelang es, mir Tatsachenwissen zu vermitteln und Literatur zu beschaffen, die im Laufe von zwei oder drei Monaten bewirkten, dass ich die Bibel als das Wort Gottes akzeptieren konnte. Erst damit war die Voraussetzung geschaffen, dass ich mich mit dem Wort Gottes überhaupt mit dem richtigen Ernst befassen konnte. Ohne diese Zwischenstufe wären wahrscheinlich weder ich noch meine Familie zur Kirche Jesu Christi der Heiligen der Letzten Tage bekehrt worden.

Wenn ich mich zurückerinnere, wie der Prozess der Zuwendung zum Mormonismus verlaufen ist, erscheint es mir, dass die Missionare schon früh versucht haben, mich mit der Verheißung bei Moroni vertraut zu machen, welche besagt, dass man durch ernsthaftes Beten vermittels des Heiligen Geistes die Wahrheit der in dem *Buch Mormon* niedergelegten Dinge und überhaupt alle uns zugänglichen Wahrheiten erfahren kann. Es hat eine Weile gedauert, bis ich innerlich bereit war, einen Versuch mit einem solchen Gebet zu machen. Ich habe es dann getan aber keinerlei Reaktion darauf empfunden. Das hat mich jedoch nicht weiter gestört; ich war bereit, das Beten fortzusetzen - wenn es sein müsste, auch über einige Monate. Nach einigen Wochen hatte ich allerdings immer noch keine Antwort. Die Missionare und ich sprachen darüber. Ich gab zu, dass der Misserfolg an mir liegen könne. Vielleicht hatte ich etwas falsch gemacht. Sie erzählten mir dann eine Geschichte, wo Beten erst spät erhört wurde. Sie meinten, Gott habe bestimmt einen Grund dafür, den wir natürlich nicht kennen. Zugleich bestanden sie weiter mit Bestimmtheit darauf, dass man eine Antwort bekommen würde, wenn man nicht aufgäbe.

Es kam vor, dass ich den Herrn von den Zeugen Jehovas, der mich besuchte, über Angelegenheiten befragte, die mir bei den Mormonen unklar geblieben waren, oder die mir nicht richtig erschienen - und ebenso umgekehrt. Bei diesen Gelegenheiten ergab sich unter anderem, dass die Zeugen Jehovas der Meinung waren, man könne Gott nicht darum bitten, die Wahrheit zu erfahren. Das schien mir zwar nicht richtig zu sein, aber nährte vielleicht doch etwas meine Zweifel. Auch erklärte er mir, dass verschiedene wichtige Lehren der Mormonen nicht in Übereinstimmung mit der Bibel wären. Das allerdings fand ich wichtig.

Da unsere Gespräche nicht von der Stelle kamen und sich auch kein Anhaltspunkt für die Richtigkeit der Behauptung der Missionare gezeigt hatten, hielt ich den Zeitpunkt für gekommen, die Gespräche abzubrechen. Allerdings wollte ich es nicht unterlassen haben, noch einmal in einem gemeinsamen Gespräch mit dem Herrn von den Zeugen Jehovas und den Missionaren zu klären, ob die Lehre der Mormonen mit der Bibel in Übereinstimmung sind. Ich wollte mich nicht voreilig von einer Sache trennen, die mir ungeklärt erschien.

Wir kamen dann eines Tages im Herbst oder Winter 1971 zusammen und diskutierten über das Leben vor der Geburt und nach dem Tode. Ich war davon überzeugt, dass es dem Vertreter der Zeugen Jehovas nicht schwer fallen würde, seine Behauptung zu beweisen. Er hatte sich immerhin seit 30 Jahren intensiv mit der Bibel befasst und konnte normalerweise alles, was er behauptete, aus der Bibel beweisen. Auf der anderen Seite standen zwei (19- oder 20-jährige) Missionare, die wahrscheinlich nicht die notwendige Kenntnis besaßen. Sie hatten zudem meinen Hinweis abgelehnt, einen erfahrenen Mann mitzubringen.

Zu meiner großen Überraschung verlief die Diskussion ganz anders, als ich es erwartet hatte. Mein Eindruck war, dass es dem Herrn der Zeugen Jehovas nicht gelungen war, den Nachweis zu erbringen, dass die Lehren der Mormonen im Gegensatz zur Bibel standen. Im Gegenteil. Was die Missionare zugunsten ihrer Darstellung an Bibelstellen aufzeigen konnten, erschien mir überzeugender.

Nach diesem Abend musste ich nun feststellen, dass ich nahe daran gewesen war, etwas aufzugeben, das offensichtlich doch einer weiteren Prüfung wert war. Beim nächsten Treffen unterhielt ich mich mit den Missionaren - es waren die Brüder Blaylock und Schelin - darüber, was ich denn tun könne, um die erhoffte Antwort zu finden. Denn irgend etwas müsste ich falsch gemacht haben. Ich gedachte jetzt, mit dem gleichen Ernst wie vorher mein Suchen nach Wahrheit zu betreiben. Diese Brüder rieten mir nun, den Gottesdienst ihrer Kirche zu besuchen. Sie meinten, wenn ich vier Wochen lang jeden Sonntag in die Hauptversammlung gehen würde, dann werde ich erkennen, dass dies die richtige Kirche sei. Und sie legten mir auch nahe, das Wort der Weisheit zu halten. Früher hatte ich es immer abgelehnt, eine dieser beiden Forderungen zu erfüllen, weil ich mir sagte, erst müsse man von der Wahrheit einer Sache überzeugt sein, ehe man die Konsequenzen daraus ziehe. Doch jetzt war ich bereit, alle vernünftigen Forderungen zu erfüllen, wenn sie möglicherweise zur Erkenntnis des wahren Glaubens dienlich waren. So ging ich denn in die Kirche und hielt vom selben Tage an das Wort der Weisheit ein - nicht mit Überzeugung aber bereit, die Voraussetzungen (falls es welche waren) zu erfüllen. Ich machte schon am ersten Tag des Kirchenbesuchs eine sehr nützliche Erfahrung. Es gefiel mir ausgesprochen gut, wenn ich auch innerlich noch etwas verkrampft war. Es konnte ja etwas völlig Falsches sein, auf das ich mich eingelassen hatte. Man musste noch irgendwie auf der Hut sein. Aber mich beeindruckte es sehr, dass die Menschen, die an der Hauptversammlung teilnahmen, mit einer wirklichen Andacht das Abendmahl nahmen. Auch die Tatsache, dass alle Familien ihre Kinder mitbrachten, und zwar auch die allerkleinsten, und dass sich die Kinder völlig ungezwungen bewegen konnten, verfehlte auf mich seinen Eindruck nicht. Und ich empfand es als ausgesprochen schön, dass man nach dem Gottesdienst nicht einfach auseinander ging, sondern mit verschiedenen, meist ausgesprochen glücklich aussehenden Menschen ein paar nette Worte wechseln konnte.

Die ganze Atmosphäre der Veranstaltung hatte mich ziemlich stark beeindruckt und nach zwei der drei Wochen gestand ich mir ein, dass ich irgendwie glücklicher geworden war, seitdem ich sonntags in diese Kirche ging. Ich sagte es auch meiner Frau, die vom zweiten Sonntag an ebenfalls mit in die Kirche ging.

Es war etwa zu dieser Zeit (April 1972), dass ich eines Abends in angenehmer Gelöstheit vom Gottesdienst nach Hause gekommen war. Die Ansprachen hatten mir besonders gut gefallen, und ich dachte im Bett vor dem Einschlafen über das nach, was ich gehört hatte. Da stellte sich in meinem Körper plötzlich ein intensives Gefühl ein, das nicht von mir ausgelöst worden war. Dieses Gefühl war so einzigartig, dass es keine Worte gibt, es konkret zu beschreiben. Jeder Vergleich mit Gefühlen aus dem täglichen Leben würde erheblich hinken. Es durchströmte meinen ganzen Körper, und ich erschrak etwas. Ich weiß nicht mehr genau, ob ich versuchte, Gott anzurufen oder nicht. Ich weiß nur, dass ich sozusagen die Gelegenheit ergriff, um die Frage zu stellen: „Ich möchte doch gern wissen, ob Joseph Smith ein Prophet war?" Als ich dies getan hatte, wurde dieses Gefühl plötzlich deutlich intensiver. Dies war so klar unterscheidbar, dass ich mir nach diesem Erlebnis sagte, dass dieses Gefühl etwa um ein Drittel stärker geworden war.

Ich erzählte diesen Vorfall wenige Minuten später meiner Frau und fragte sie und mich, ob das wohl der Heilige Geist gewesen sei. Eigentlich hätte nun die Angelegenheit für mich klar sein müssen. Offensichtlich war es eine Antwort. Aber ich war immer noch skeptisch. Ich sagte mir, dieser Vorfall könne auch vom Teufel inszeniert worden sein, obgleich ich mir andererseits eingestehen musste, dass die Mormonen und ihr offensichtliches Bemühen, die Gebote Gottes zu halten, nicht gerade dafür sprachen. Dann kam mir wieder die Idee, das Ganze könne man vielleicht doch psychologisch erklären. Schließlich ließ ich die ganze Geschichte mehr oder weniger offen. Ich sagte mir, es ist gut möglich, dass es eine Einwirkung Gottes gewesen war; aber ich war nicht fest davon überzeugt. Und je mehr Zeit verfloss, desto unsicherer war ich, ob ich nicht vielleicht doch zu leichtgläubig gewesen war.

Auch den Missionaren erzählte ich von dem Vorfall, und dass ich noch Zweifel hätte. Ich sagte ihnen: „Sie werden sicher denken, dem Peters ist nicht zu helfen. Jetzt hat er eine Antwort und er zweifelt immer noch." Aber sie nahmen alles geduldig hin und empfahlen mir, weiter zu beten.

Während der ersten vielleicht acht Monate waren die Missionare eigentlich nie dazu gekommen, ihre vorbereiteten Lektionen mit mir - und später auch mit meiner Familie zusammen - durchzugehen. Ich hatte immer durch meine Fragen stundenlange Diskussionen hervorgerufen. Praktisch erst nach der Diskussion mit den Zeugen Jehovas waren wir dazu übergegangen, die vorbereiteten Lektionen durchzuarbeiten. So kamen wir auch eines Abends zu der Lektion über den ewigen Fortschritt. Ich hörte damals den Darlegungen der beiden Missionare schon mit einem ziemlich großen Maß von Aufgeschlossenheit zu. Während der Lektion kamen wir auch zu dem so genannten „Schleier", der uns vom vorirdischen Dasein abschirmt. Ich kann mich erinnern, dass es mir völlig unklar war, welchen Sinn dieser Schleier haben sollte, als mich der Bruder Schelin danach fragte. Nach kurzem Zögern formulierte ich einen möglichen Sinn, nämlich den, dass wir unbeeinflusst von unserem vorirdischen Wissen und der gesammelten Erfahrung unsere irdische Prüfungszeit durchleben. Als ich dies sagte, überwältigte mich auf einmal eine intensive Freude, wie ich sie nie in dieser Form erlebt hatte. Da ich mich dieser Gefühlsregung schämte, versuchte ich sie zu unterdrücken. Von meiner Frau erfuhr ich später, dass es für die anderen Anwesenden wie ein verlegenes Grinsen ausgesehen habe. Aber es war in Wirklichkeit weit mehr gewesen.

Als nach dem ersten Erlebnis wieder ein paar Wochen verstrichen waren, versprach mir eines Abends Bruder Schelin, dass ich eine Antwort innerhalb einer Woche bekommen würde, wenn ich intensiv weiter beten und das Wort der Weisheit halten würde. Er sagte mir, er könne es kraft seines Priestertums versprechen. Eine Woche später sahen wir uns wieder. Doch ich hatte dieses Erlebnis noch nicht gehabt. Ohne es besonders hervorzuheben, erwähnte ich diesen Umstand an jenem Abend. Bald darauf legte ich mich schlafen. Doch ehe ich einschlief überkam mich wieder jenes intensive, durchströmende Gefühl. Ich weiß noch, dass ich nun deutlich zu Gott betete und ihn fragte, ob es sein Einfluss sei und ob Joseph Smith ein Prophet sei. Um allen Zweifel auszuschließen, fragte ich ihn auch, ob er der Vater Jesu Christi sei. Als ich dies tat, verstärkte sich die Empfindung abermals ganz erheblich. Ich versank förmlich in dem, was mich übermannt hatte. Da war es für mich klar, dass es wirklich so ist, dass Joseph Smith ein Prophet Gottes sein musste. Ich konnte nun nicht mehr daran zweifeln. Zufällig ging an jenem Abend meine Frau kurz darauf ebenfalls zu Bett. Ich erzählte ihr, dass ich nun wisse, dass Joseph Smith ein Prophet sei und was mir geschehen war. Darauf entgegnete sie mir, dass sie sicher schon beim ersten Mal davon überzeugt gewesen wäre, wenn sie dasselbe Erlebnis gehabt hätte wie ich.

Als ich am nächsten Abend nach Hause kam, war ich ein anderer Mensch. Aber sonderbarerweise fiel mir auf, dass auch meine Frau förmlich vor Glück strahlte. Als wir spät am Abend zusammen saßen, erzählte sie mir, dass ihr wenige Minuten nach dem Zubettgehen dasselbe widerfahren war wie mir. Sie war nun auch bereit, sich der Kirche anzuschließen.

Nachdem ich daran zu glauben gelernt hatte, dass Joseph Smith ein Prophet war, konnte ich nicht mehr daran zweifeln, dass alles, was durch ihn in die Welt gekommen ist, auch durch Gottes Anleitung geschehen ist - jedenfalls soweit Joseph Smith das behauptet hatte. Ich musste also wohl oder übel auch davon überzeugt sein, dass das *Buch Mormon* die wahre Geschichte der früheren Einwohner Amerikas ist. Auch die Kirche Jesu Christi der Heiligen der Letzten Tage musste die von Gott gewollte Kirche sein und auch die in „Lehre und Bündnisse" gesammelten Offenbarungen müssen wahr sein. Ich kann nicht leugnen, dass ich nicht sofort wirklich an alles glaubte - und auch lange Zeit danach ging es mir in mancher Beziehung noch so - aber wenn ich daran zweifelte, dann musste ich mir sagen, dass ich aufgrund meiner Erlebnisse nicht an der Richtigkeit dieser Dinge zweifeln kann.

Nachdem es nunmehr keine echten Zweifel mehr gab, entschlossen sich meine Frau und ich, uns taufen zu lassen. Das Ereignis fand am 27. Mai 1972 statt. Meine Frau und mich tauften die Brüder Schelin und Blaylock. Die Taufe selbst und eine anschließende Feier, zu der die Geschwister Dewey, eine liebenswürdige Familie aus Utah, die damals in Bad Vilbel wohnten, eingeladen hatten, war sehr beeindruckend. Besonders freute mich, dass mehrere uns bekannte Brüder und Schwestern, die wir uns „aussuchen" durften, an der Zeremonie aktiv teilnahmen. Die Brüder Meiser und Nagele hielten eine Ansprache, Bruder Dewey und Schwester Nagele sprachen das Gebet und Schwester Dewey spielte auf der Orgel.

Wir sind jetzt einige Jahre Mitglieder in der Kirche. Wir fühlen uns sehr wohl nach unserer Entscheidung und freuen uns immer wieder über den freundschaftlichen Kontakt zu unseren Brüdern und Schwestern.

Dr. LOTHAR PETERS wurde 1936 in Genthin, Bezirk Magdeburg, geboren. Er hatte zum Teil eine recht schwierige Jugendzeit, bedingt durch die jahrelange Erkrankung seiner Eltern, beide Lehrer. Nach dem Abitur studierte er

Volks- und Betriebswirtschaftslehre, erwarb das Diplom des Volkswirts und promovierte zum Doktor der Wirtschaftswissenschaften. Seine berufliche Tätigkeit führte ihn zweimal nach Pakistan und dem heutigen Bangla Desh, wo er unter anderem als Leiter eines Teams tätig war, das die Entwicklungsmöglichkeit für eine petrochemische Industrie feststellen sollte.

Heute lebt er mit seiner Familie, der Frau und den beiden Kindern, in Bad Vilbel und ist bei einem führenden deutschen Hersteller von Scheibenbremsen als Bestände-Controller tätig. In der Kirche dient er seit 1977 als Mitglied des Hohen Rates im Pfahl Frankfurt.

Die Folgen eines Vertrages
Dieter von Rauchhaupt

Es war im Juni 1960. Zu jener Zeit kam mein Bruder Günther zu mir, um mich zum Glauben der Baptisten zu bekehren. Ich dachte mir, wieder so eine Glaubensgemeinschaft, die den Leuten das Geld aus der Tasche holt. Für mich stand fest, alle Regenten solcher Vereinigungen fanden immer wieder Dumme, die auf sie reinfallen. So tat mir mein Bruder leid, und ich wollte ihm helfen, aus der Situation heil herauszukommen. Als alles Reden nichts half, brachte ich ihn dazu, mit mir einen Vertrag zu machen. Sollte es mir gelingen, zu beweisen, dass diese Gemeinschaft, wie alle anderen, nicht nach den Grundsätzen des eigentlichen Christentums handelten, so sollte er wieder austreten.

Ich wollte mir die Arbeit machen, da ich mir nicht vorstellen konnte, dass eine Gemeinschaft von ihren Mitgliedern den zehnten Teil ihres Einkommens fordert. Dass der Zehnte ein Grundsatz der christlichen Lehre ist, davon hatte ich schon gehört. Meine Beweisführung würde deshalb schon einfach sein.

Mein Bruder hatte eine Baptistin geheiratet, und so dachte ich, dass er ihretwegen die Kirche gewechselt hätte. Wir waren vom Elternhaus evangelisch erzogen worden und hatten uns nie Gedanken darüber gemacht, ob unsere Kirche die einzig Richtige wäre. Ich selbst musste zugeben, noch nicht einmal die Bibel gelesen zu haben. Ich war immerhin schon 28 Jahre alt. Nun, dies ließ sich nachholen. Ich beschaffte mir das entsprechende Schriftenmaterial und fing an, die Grundsätze der Baptisten zu studieren.

Das Studium brachte mich in Begeisterung. Ich bekam ein seltsames Gefühl ins Herz, so als ob es warme Ströme durchfluteten. Es ließ mich nicht los. Es war so spannend, dass ich sogar nachts weitermachte. Ein Gefühl der Freude erfüllte mich über jede Wahrheit, die ich in der Bibel entdeckte. Ich hatte bald herausgefunden, dass so mancher der Grundsätze der Baptisten nicht mit den Aussagen der Bibel übereinstimmte. Aber das war mir im Moment nicht so wichtig. Viel wichtiger war es, dass ich glaubte, einen Lebensweg entdeckt zu haben, der es möglich machte, Gott, meinen Schöpfer, kennen zu lernen.

Ich glaubte schon immer an Gott. Nun wurden meine Gedanken zu einem Bild des Verstehens gebracht. Sicher gab es eine Kirche, die dieses sich formende Bild als Lebensweg für jeden Menschen verkündete. Wo war sie? Gab es sie in Deutschland? Wo musste ich suchen, um sie zu finden. Oder war ich gezwungen, alle Glaubensrichtungen zu prüfen? Nein, es musste einen besseren Weg geben. Ich konnte mein ganzes Leben nicht damit verbringen, unnütze Lebensweisheiten zu sondieren. Ich hatte keine Zeit mehr für die falsche Lebensbahn, in der ich mich befand. Hatte ich nicht gelesen, die mich in der letzten Zeit anrufen, sollen selig werden? Oder, das aber ist das ewige Leben, dass sie dich, der du allein wahrer Gott bist, und den du gesandt hast, Jesus Christus, erkennen? Wie konnte ich erkennen? Ich musste Gott auf mich aufmerksam machen. Oder hatte er mich schon bemerkt? War dies alles schon sein Werk? Ich hatte gelesen, dass die Propheten ihn immer anriefen und Antwort erhielten.

Ich konnte zwar keinen Berg besteigen, wie Moses zum Beispiel, es war keiner da. Aber ein großes Feld lag hinter meiner Wohnung. Eines späten Abends, so dass es niemand bemerkte, ging ich auf das Feld und rief dort Gott an. Es war das erste Mal, dass ich betete. Doch ich bekam keine Antwort. Warum nicht? Ich hatte es doch ehrlich gemeint. Sollte ich einen Fehler gemacht haben? Ich wartete noch einige Minuten, dann ging ich zur Wohnung zurück. Ich dachte, vielleicht bekomme ich einen Traum. Einige Tage geschah nichts.

Dann an einem Arbeitstag geschah etwas, woran ich nie gedacht hatte. Ich befand mich auf einem Kontrollgang in der Schwimmhalle in Mühlheim. Zwei nett aussehende Burschen kamen auf mich zu und fragten nach der Brauseabteilung. Sie hatten sich verlaufen, weil sie das Bad noch nie zuvor betreten hatten. Sie sagten mir, sie seien amerikanische Missionare und erst kurze Zeit in Mühlheim. Als sie diesen Satz aussprachen, drangen Wogen eines unbeschreiblichen Gefühls in mein Herz. So etwas hatte ich noch nie erlebt. Ich jubilierte. Dies war die Antwort auf mein Gebet. Ich wusste es. Mein Herz brannte lichterloh. So etwas muss man selbst erlebt haben, um es zu verstehen. Ich war toll vor Freude. Sie mussten mir ihr gesamtes Schriftmaterial dalassen, und ich machte sogleich einen Termin für ein Treffen aus. Innerhalb von vier Tagen las ich das *Buch Mormon* durch. Alles, was in der Schrift zu finden war, deckte sich mit meinem gefundenen Wissen aus der Bibel. Ich hatte es gewusst. Alles passte genau: Glaube, Buße, Taufe, Vollmacht, Gabe des Heiligen Geistes, Priestertum, Offenbarungen, Träume, Gesichte, Inspirationen, Apostel, Propheten, Älteste - alles deckte sich. Ich war dankbar, die richtige Kirche gefunden zu haben. Nach wenigen Tagen wurde ich getauft.

Seit dieser Zeit habe ich eine ständige Verbindung zur himmlischen Welt. Ich empfange Träume und Inspirationen, die ich niederschreibe und für meine Kinder und Enkel aufbewahre. Es ist eine neue Daseinsstufe, ein Leben voller Freude und Dankbarkeit, geführt durch den Heiligen Geist, der ein Mittler zwischen Gott und den Menschen ist. Der bereit ist, den

Menschen zu seinem Bestimmungsort zu führen, seiner Heimat. Selig der Heimweh hat, denn er wird nach Hause finden.

Mein Freund Karl
Dieter von Rauchhaupt

Eines meiner seltsamsten Erlebnisse hatte ich durch einen älteren Bruder in der Kirche, den ich als Heimlehrer und Freund betreute. Er war schon sehr alt. Nach dem letzten Krieg war er nach Amerika ausgewandert und jetzt zurückgekommen, um noch einige Jahre in der Heimat zu leben und dann in heimatlicher Erde begraben zu werden. Da er sehr kränklich war und keine Angehörigen hatte, war er auf meine Hilfe angewiesen. Eine seiner großen Sorgen war, dass er ohne Hilfe sterben und sein Körper erst einige Tage später von mir in der Wohnung gefunden würde. Da er des öfteren darüber klagte, sagte ich ihm im Scherz, um ihn zu beruhigen: „Wenn du auf der anderen Seite angekommen bist, so bitte den entsprechenden Priestertumsträger, der dafür zuständig ist, dass du mir ein Zeichen geben darfst. Schildere ihm die Situation und sage ihm, dass ich für die Besorgung aller Formalitäten, einschließlich der Einkleidung mit der Tempelkleidung, beauftragt bin. Vielleicht gestattet er dir, mir ein entsprechendes Zeichen zu geben."

Er war von diesem Vorschlag so begeistert, dass er dies befolgen wollte und somit beruhigt war. Als er im 84. Lebensjahr starb, hatte ich das Gefühl, dass jemand eine Verbindung zu mir herstellen wollte, die aber nicht gelang. Entweder war mein Schlaf zu tief, oder ich war nicht in einem geeigneten Zustand. Morgens beim Aufstehen dachte ich an Karl, meinen Freund, ob ihm etwas zugestoßen war?

Bevor ich es kontrollieren konnte, bekam ich einen Anruf aus dem Krankenhaus, in das ich ihn vor vierzehn Tagen gebracht hatte. Man teilte mir mit, dass Karl in den Nachtstunden einem Herzstillstand erlegen sei.

Im Laufe des Tages erhielt ich dann den Anruf einer Schwester, die ich ebenfalls betreute, und die gerade in Österreich Urlaub machte. Sie sagte mir am Telefon folgendes: „Bruder von Rauchhaupt, ich muss mit Ihnen dringend sprechen. Heute Nacht hat plötzlich ein Mann in meinem Zimmer gestanden und mir folgendes gesagt: 'Setzen Sie sich sofort mit Bruder von Rauchhaupt in Verbindung und sagen sie ihm, dass ich Karl Kreuz heiße und in Felbert wohne. Ich bin heute Nacht verstorben und habe einen sehr guten Platz auf der anderen Seite erhalten. Sagen Sie Bruder von Rauchhaupt, er hätte großen Anteil daran, und ich habe ihm viel zu verdanken. Wenn Sie jemals Hilfe brauchen, so bitten Sie Bruder von Rauchhaupt, er wird Ihnen genauso helfen, wie er mir geholfen hat. Aber vergessen Sie das nicht.'"

Nachdem ich mich bei der Schwester über das Aussehen des Mannes erkundigt hatte, und sie mir ihn beschrieben hatte, war mir klar, dass Karl es geschafft hatte, eine Genehmigung für ein Zeichen zu bekommen. Ich war darüber verwundert, dass Karl in so kurzer Zeit mit dieser Schwester Verbindung aufnehmen konnte, obwohl sie ihn nicht kannte und in Österreich war. Ebenso wunderte ich mich darüber, dass ich für die Nachricht nicht direkt aufnahmefähig gewesen war, zumal ich schon einmal den Platz eines Verstorbenen in der Geisterwelt während eines Traumes gesehen hatte.

Jugendfahrt
Dieter von Rauchhaupt

Mein wohl schönstes Erlebnis hatte ich in der Schweiz. Es war so einmalig, dass es mich noch heute mit Ehrfurcht durchdringt, wenn ich daran zurückdenke.

Bruder F. Enzio Busche war damals noch Distriktspräsident. Er hatte mich beauftragt, ein Jugendlager in der Schweiz am Moossee zu organisieren und durchzuführen. Ich hatte durch die Mitarbeit mehrerer Schwestern und Brüder alle Vorbereitungen geleistet, und fuhr mit einem Bus, den wir auch für unsere Tempelfahrten benutzten, in die Schweiz. Doch unsere Gesichter wurden traurig, als wir am Moossee eintrafen. Bruder Möller hatte mit seinen Pfadfindern zwar alle Zelte aufgebaut, aber vergessen, auch das richtige Wetter zu bestellen. Es regnete in Strömen. Nun, am ersten Tag war dies noch zu ertragen. Unsere Zeit verbrachten wir in unseren Zelten. Nur beim Essen holen gab es einige Schwierigkeiten. Auf dem Weg zum Zelt zurück wurde einem das Essen verdünnt. Unser sorgfältig aufgestelltes Programm fiel buchstäblich ins Wasser. Nie hatten wir mit solch einem Wetter gerechnet. Am zweiten Tag war es noch schlimmer. Die Zelte standen unter Wasser, und die meisten wollten abbrechen und irgendwo in eine Herberge ziehen. Einige Geschwister hatten wir schon bei Mitgliedern, die in der Nähe wohnten, untergebracht. Die Gruppenführer baten mich, das Lager abzubrechen. Ich ging von Zelt zu Zelt mit einem Gasofen, um die nassen Sachen zu trocknen. Ich bat noch einen Tag abzuwarten, vielleicht würde das Wetter besser werden. Es wurde beschlossen, noch einen Tag abzuwarten. Die Nacht war für mich unruhig. Ich hatte die Verantwortung für 56 Jugendliche. Auf der einen Seite wollte ich den Jugendlichen die Möglichkeit geben, ein gut geplantes Ferienerlebnis zu vermitteln, auf der anderen Seite sah ich die Gefahr für Körper und Geist. Die Gesundheit und das friedliche Miteinander standen auf dem Spiel. Auch die Kleidung und die persönlichen Gegenstände würden Schaden nehmen. In dieser Nacht träumte ich ununterbrochen von den alten Propheten. Ich dachte an die Wunder, die sie vollbracht hatten. Warum gab es das heute nicht mehr? Wie schön wäre es, diese Macht zu haben. Plötzlich schreckte ich auf. Bruder Lersch, einer der Gruppenführer, hatte mich geweckt. „Wir müssen das Lager räumen, Bruder von Rauchhaupt, es ist nicht mehr zu verantworten. Alles ist nass und schwimmt in den Zelten. Wir Gruppenleiter treffen uns in einer halben Stunde am Waschtrog." Es war die einzige Stelle, die überdacht war, und sie wollten dort entscheiden, ob sie in eine Herberge oder nach Hause fahren wollten.

Ich sprach mein Morgengebet und hatte zugleich einen Plan. Ich war sicher, dass Gott einverstanden sein würde. Warum hatte er mir sonst den Traum gegeben.

Ich ging zum Waschtrog uns sagte den dort versammelten: „Wenn wir in einer halben Stunde kein schönes Wetter haben, fahren wir ab."

Dann ging ich im strömenden Regen durch das Lager zu einer nicht einzusehenden Stelle und fragte den himmlischen Vater, ob ich mit der Macht des Priestertums das Wetter verändern dürfte. Da mein Herz entbrannte und ich wirklich das Gefühl hatte, dies zu dürfen, befahl ich herrliches Sommerwetter zum Baden und Bergsteigen hernieder. Ich tat dies jedoch nur für die Umgebung, in der wir unser Programm geplant hatten.

Zirka eine viertel Stunde später hatten sich alle Wolken verzogen, und herrlicher Sonnenschein lag über dem Zeltplatz. Wir konnten unser Programm vollständig durchführen. Nachdem am letzten Tag alle Jugendlichen zum Tempel gefahren waren, und meine beiden Töchter das Lager aufräumten, dankte ich dem Herrn mit demütigem Herzen für dieses herrliche Erlebnis.

DIETER VON RAUCHHAUPT ist heute als Schwimmmeister in Mühlheim an der Ruhr tätig. Sport ist seit seiner frühesten Jugend seine große Leidenschaft. In der Alters-

gruppe der vierzehn- bis achtzehnjährigen war er drei Jahre hintereinander Gesamtsieger der Krupp-Meisterschaften im Dreikampf in Essen. Neben den sportlichen Aktivitäten widmet er sich aber auch der Lyrik und der Prosa und ist sehr an Rhetorik und Philosophie interessiert. Er ist verheiratet und hat zwei Söhne und drei Töchter. Gegenwärtig ist er in der Kirche Mitglied des Hohen Rates im Pfahl Dortmund.

Im Dienste des Herrn
Hermann C. Sievers

Nach dem Austritt aus der evangelischen Kirche wurde ich ein starker Trinker. Ich war einige Zeit haltlos, weil ich nach dem Theologiestudium nicht das finden konnte, was mein Herz beruhigte. Für ein halbes Jahr war ich jede Woche sieben Mal betrunken. Dazu kam mein täglicher Zigarettenverbrauch von 30 bis 40 Zigaretten. Da lernte ich meine jetzige Frau kennen. Kurz darauf lud man mich zu einer Hausversammlung ein. Der junge Bruder Matthiesen aus Husum leitete die Versammlung. Weil ich nun aufgrund meines Studiums in der Bibel Bescheid wusste, beabsichtigte ich, ihn hereinzulegen. Er sprach über Ezechiel 37, Verse 16 bis 18 (... Holz Juda ... Holz Joseph, etc.). Ich konnte nichts widerlegen und fing an, die Lehre zu untersuchen. Schließlich bat ich um die Taufe.

Das Trinken konnte ich mir leicht abgewöhnen - nicht aber das Rauchen. Ich habe noch fünf Minuten vor der Taufe geraucht. Als ich im Wasser stand, sprach ich ein Gebet: „Vater im Himmel, du weißt, dass ich dich liebe, gib mir den Glauben, den Petrus hatte, ich will auch Dir mein ganzes Leben weihen, gib, dass ich Abscheu vorm Rauchen empfinde."

Auf dem Heimweg begegneten wir einem Raucher.

Ich musste mich übergeben. Diese Abneigung ist bis zu dieser Stunde geblieben. Wenn man Gott dienen will, und hat nicht die Kraft dazu, so hilft der Vater im Himmel. Dieses Erlebnis, dem weitere folgten, hat meinen Glauben an Gott, auf für viele Menschen unverständliche Art, wachsen lassen.

*

In einer Zentrifuge hatte ich mein Bein gebrochen. Ich musste auf Krücken gehen. Nach einer Konferenz erhielt ich einen Krankensegen. Darauf habe ich meine Krücken in die Hand genommen und ging im Parademarsch spazieren.

*

Während des Krieges fragte mich der Distriktsvorsteher, ob ich Bruder Paul Prühs einen Krankensegen geben wolle. Bruder Prühs konnte niemanden mehr erkennen und war von den Ärzten bereits aufgegeben. Schwester Prühs wünschte jedoch, dass er von zwei glaubensstarken Brüdern gesegnet werden sollte. Ich vollzog dann mit Bruder Schnibbe die Krankensegnung. Ihm wurde verheißen, dass er in Amerika noch

Zeugnis von seiner Genesung geben würde. Schwester Prühs lebt heute noch in Amerika. Die Verheißung hat sich erfüllt.

*

Während meiner Amtszeit als Gemeindepräsident gab es eine Schwester Feddersen, die das Gerücht verbreitete, ich würde vom Zehnten leben. Zu unseren Nachbarn sagte sie, sie würde auch gerne Gemeindepräsident wie Bruder Sievers sein. Er brauche ja nicht zu arbeiten, weil er vom Zehnten lebe. Der Distriktsvorsteher zog sie wegen dieser Behauptung dann zur Rechenschaft. Kurze Zeit später wiederholte sie ihre Behauptung. Ich hörte davon, habe aber zunächst nichts dazu gesagt.

Eines Sonntags, unmittelbar nach der Abendmahlsversammlung, sagte ich zu den Anwesenden: „Bleiben Sie bitte noch ein paar Minuten hier. Ich habe noch etwas wichtiges zu sagen!"

Dann bat ich Schwester Feddersen nach vorne und fragte sie, warum sie wieder behauptet habe, dass ich vom Zehnten lebe, obwohl der Distriktsvorsteher sie ermahnt habe, diese Behauptung nie wieder aufzustellen. Ich nannte ihr Ort und Zeit, wann sie ihre Behauptung ausgesprochen hätte und fragte sie, ob sie mit einer Bestrafung vom Herrn rechne. Sie sagte, sie habe die Behauptung nicht wieder aufgestellt, und der Herr könne sie ruhig strafen. Ich antwortete darauf: „Der Vater im Himmel wird es wissen und den Schuldigen bestrafen, denken Sie daran, vor Ihnen steht ein mit Vollmacht ausgerüsteter Diener Gottes." Sie erwiderte: „Meinethalben kann er mich mit dem Tode bestrafen, auch mit dem Tode." Darauf habe ich gesagt: „Nun, ihr Wunsch wird wahr werden. Falls ich vom Zehnten genommen habe, werde ich am nächsten Sonntag tot sein. Haben Sie es aber gesagt und leugnen es jetzt, so werden Sie nächsten Sonntag tot sein. Ich sage es als Diener Gottes im Namen Jesu Christi und vor der Anwesenheit der Geschwister. Amen."

Sie ging nach Hause, stieg die Treppe hinunter, fiel und brach sich mehrere Rippen. Die Brüche begannen zu eitern und am Sonntagmorgen, dem 17. Mai, also einen Sonntag später, starb sie im Krankenhaus.

*

Nach meiner Taufe wurde ich aus meiner Familie ausgestoßen. Es war ein harter Schlag für mich. Ich ließ mich von den Worten des Erlösers leiten, der gesagt hatte, wer Vater und Mutter mehr liebt als mich, ist meiner nicht wert.

Nach zehn Jahren wurde mein Vater krank. Er hatte Krebs. In meinem Segen, den ich zu jener Zeit erhielt, sagte der Distriktspräsident Ray L. Richards: „Das Leben oder das Sterben Ihres Vaters wird dazu führen, dass Sie dadurch dem Herrn viele Seelen zuführen können."

Am Abend vor seinem Tode, ich hatte gefastet, gab ich am Bett meines Vaters Zeugnis von Gott und behauptete, dass das *Buch Mormon* wahr sei. Das Zimmer war voller Menschen. Als ich jedoch fertig war und mich umschaute, war es leer. Nur mein Vater lag im Bett und hielt unter der Bettdecke die Hände gefaltet. Er betete. Als ich ihm dann die Hand zum Abschied gab, erhob er sich und fiel mir um den Hals. Er bat um Vergebung und sagte, er könne sich der Kinder wegen nicht der Kirche anschließen. Es war ein schmerzlicher Augenblick. Am nächsten Morgen war er bereits gestorben.

Nun hatten meine Geschwister es so angeordnet, dass mein Vater am Sonntag beerdigt werden sollte, damit ich nicht die Versammlung der Kirche besuchen könnte. Ich betete zum himmlischen Vater. Es ergab sich, dass der Pastor am Sonntag keine Zeit hatte, und die Bestattung an einem Werktag stattfinden musste.

Aber dann kam das Schlimmste. Vom offenen Sarg meines Vaters wurde ich gewaltsam entfernt und auf die Straße geworfen, damit ich nicht noch zu allerletzt meinen Vater verhexen würde. Unter scharfer Bewachung wurde ich als Letzter zum Grabe gelassen.

Und nun kam ein wunderbares Erlebnis, das mein ganzes Leben beeinflusst hat. Meine Frau und ich gingen nach Hause. An der Kaffeetafel durften wir nicht teilnehmen. Traurig betraten wir unsere Wohnung. Das erste, was wir taten, war, dass wir uns niederknieten und beteten: „Lieber Vater, wo sind die verstorbenen Seelen?" Als wir so demütig beteten, erlebten wir etwas wunderbares. Ganz deutlich konnten wir das Lied hören: Seht ihr Völker, Licht bricht heran! Bei den Worten, „Licht bricht heran", wurden unsere Augen aufgetan, und wir sahen die Geisterwelt. In der vordersten Reihe als zweitletzter stand mein Vater und lauschte einem Engel, der über das *Buch Mormon* sprach und Fragen stellte. Mein Vater war sehr aufmerksam und antwortete fleißig. Wir dankten dem Vater im Himmel für dieses Erlebnis, wussten wir jetzt doch, dass mein Vater gläubig war.

Ein paar Tage später kam mein Bruder zu mir. Als er zur Tür eintrat, fragte er: „Weißt du auch, warum ich komme?" Darauf antwortete ich, dass ihn ein himmlischer Bote schicke. Er fiel um. Wir legten ihn auf das Sofa, und meine Frau meinte, dass er tot sei. Ich sagte, der Herr arbeite jetzt. Wir sprachen ein Gebet, und nach geraumer Zeit stand mein Bruder auf und weinte. Er erzählte, dass unser verstorbene Vater ihm erschienen sei und gesagt habe, er solle doch zu mir gehen und sich der Kirche anschließen und Mutter retten. Ob alle meine Verwandten das Evangelium angenommen haben, weiß ich nicht. Mein Bruder Heinrich hat es angenommen.

*

Auf einer Tempelreise hatte ich das Gefühl, in einem Bus reisen zu müssen, in dem auch eine hochschwangere Schwester saß. Sie fiel in Ohnmacht. Nachdem sie wieder bei Bewusstsein war, hatte ich die Gelegenheit, ihr einen Krankensegen zu geben. In der Bestätigung des Segens sagte ich fast wörtlich: „... liebe Schwester Bensch, wir als Älteste haben unsere Hände auf dein Haupt gelegt im Namen Jesu Christi und sagen dir, nach deinem Glauben wird der Herr dich wunderbar segnen. Vater im Himmel, hier liegt eine werdende Mutter von zwei Kindern unter ihrem Herzen und möchte dein Gebot erfüllen ... Sie trägt zwei Kinder unter ihrem Herzen, dann hat sie ihren Mann und noch zwei lebende Kinder. Wenn du ein Leben willst, nimm meines, wenn die Reise beendet ist, aber unser Glaube sagt uns, dass du die segnende Hand über sie hältst und die Mutter mit den beiden tragenden Kindern segnen wirst. Liebe Schwester Bensch, der Vater wird dich segnen, dass sofort Deine Schmerzen verschwinden werden, ja du wirst auf der Reise ein guter Unterhalter sein. Im Namen Jesu

Christi ..."

Bruder Bensch lachte und sagte: „Zwei Kinder?"

Nach der Entbindung rief Bruder Bensch mich an und sagte: „Hermann, du hast recht, zwei Mädchen." Ich habe dann gesagt, er solle nicht mir, sondern Gott die Ehre geben.

*

Anlässlich einer Schwangerschaft meiner Tochter Hanna hatte ich die Gelegenheit, ihr einen Segen zu geben. Unter anderem sagte ich etwa folgendes: „Vater im Himmel, dir sei Dank, dass du diesem Geist für ein paar Stunden einen irdischen Körper leihst, um rein wieder in deine Gegenwart zurückkehren zu können."

Fast die ganze Gemeinde, auch Älteste regten sich darüber auf, wie ich so etwas sagen könne. Aber es waren nicht meine Worte. Sie kamen durch den Heiligen Geist und bewahrheiteten sich. Nach der Geburt lebte das Kind nur fünf bis sechs Stunden.

*

Während einer Abendmahlsversammlung, ich hielt gerade eine Ansprache, kam der politische Leiter der Nazis, ein Herr Tiede, mit einem geladenen Revolver auf mich zu. Er fragte: „Kommen die Juden in den Himmel?"

Hätte ich ja gesagt, wäre mir eine Kugel sicher, denn er hielt den Revolver an meinen Kopf. Lügen konnte ich auch nicht. Ich musste mich auf den Herrn verlassen und fühlte, dass der Geist auf mich einwirkte, als ich ihn fragte: „In Ihrer heiligen Berufung haben Sie sicher doch eine Bibel bei sich?" Er verneinte. Ich gab ihm meine Bibel und bat ihn, einige Schriftstellen zu lesen, die ich ihm angab. Es waren Schriftstellen über den Ungehorsam der Juden und der Strafen, die sie auf sich luden (eine Viertelstunde später wusste ich sie selbst nicht mehr auswendig). Als wir mit den Zitaten fertig waren, holte ich tief Luft und wollte ansetzen, über die Sammlung der Israeliten zu sprechen. Aber da hörte ich nur für mich das Wort: „Halt!" Herr Tiede ließ den Revolver sinken und sagte: „Weitermachen!" Die Angelegenheit war erledigt. Beim Anblick des Revolvers an meinem Kopf waren die anwesenden Geschwister ängstlich. Nur ich verspürte keine Angst, weil ich die Macht des heiligen Geistes fühlte.

HERMANN C. SIEVERS wurde als achtes Kind des Schuhmachermeisters Johannes Sievers 1898 geboren. In der Kindheit musste er viele Krankheiten erleiden. Er war ein intelligenter Junge und entschloss sich schon früh, als

Missionar nach Afrika zu gehen. Zweifel an der Lehre der evangelischen Kirche brachten ihn dann jedoch von dem Entschluss ab, und er begann in der Landwirtschaft zu arbeiten. Nachdem er sich der Kirche Jesu Christi der Heiligen der Letzten Tage angeschlossen hatte, wurden ihm viele verschiedene Berufungen Übertragen. Von allen Berufungen lag ihm das Werk für die Verstorbenen besonders am Herzen. Seine persönliche genealogische Forschung weist eine Ahnenreihe auf, die bis ins 15. Jahrhundert zurückreicht.

Zu seinen Beiträgen schrieb er: „... ich bin glücklich, dass ich in der Gegenwart Christi alles wiederholen kann, und alle werden dann erfahren, dass die Zeugnisse wahr sind. Ich habe sie erlebt (und) ohne mich zu verherrlichen ... nur auf Deinen (Herausgeber) Wunsch geschrieben."

Fahre heute nach West-Berlin!
Prof. Dieter Berndt

1960 wohnte ich in der Nähe von Hamburg, als man mich zum Missions-GFV-Leiter der Ost-Deutschen Mission berief. Eine Hälfte der Mitglieder unserer Mission lebte im Osten Deutschlands. Deshalb war es notwendig, dass dort ebenfalls ein Leiter für die Jungen Männer und eine Leiterin für die Jungen Damen berufen wurde. Weil die Kirchenmitglieder über ein großes Gebiet verstreut waren, unternahmen wir besondere Anstrengungen, um so viele Aktivitäten wie möglich zu planen, an denen die Jugend der gesamten Mission teilnehmen konnte. Das brachte besondere Probleme mit sich, weil ja der eine Teil der Mission in Westdeutschland und West-Berlin, der andere hingegen hinter dem Eisernen Vorhang lebte. Es war unmöglich, irgendeine gemeinsame Aktivität in der DDR oder in Ost-Berlin durchzuführen. Deshalb planten wir alles für West-Berlin, denn die Jugendlichen aus dem Osten konnten auf einfache Weise und ohne Schwierigkeiten mit der S-Bahn von Ost-Berlin über die Grenze nach West-Berlin fahren und an den Versammlungen teilnehmen.

Bald nach meiner Berufung begannen wir, eine große, gemeinsame Veranstaltung zu planen, eine Jugendkonferenz über Ostern in West-Berlin. Ich korrespondierte mit dem Leiter der Jungen Männer und der Leiterin der Jungen Damen in der DDR, um alle Vorbereitungen für die Konferenz zu treffen. Sie wurde ein riesiger Erfolg. Der für mich interessanteste Teil des Programms wurde die Musical-Einlage einer sehr attraktiven und talentierten jungen Schwester, der Leiterin der Jungen Damen aus dem östlichen Teil unserer Mission, mit der ich bereits korrespondiert hatte.

Ich nutzte jede Gelegenheit, um Gisela näher kennen zu lernen. Sie beeindruckte mich. Während der folgenden Monate setzten wir unseren Briefwechsel fort und trafen uns in West-Berlin, wann immer es möglich war. Wir begannen, unsere gemeinsame Zukunft zu planen, und trafen die notwendigen Vorbereitungen, damit sie während ihres Urlaubs nach Hamburg kommen und meine Mutter und Schwester kennen lernen könnte. Giselas Mutter wollte sie am Dienstag, dem 15. August 1961, nach Ost-Berlin begleiten. Beide wollten dort bei Giselas Bruder übernachten, ehe sie dann nach West-Berlin fahren wollten, um den dort hinterlegten Flugschein abzuholen und nach Hamburg zu fliegen.

Am Sonntagmorgen, noch ehe sich Gisela auf den Weg machen wollte, wurde im Radio bekanntgegeben, dass während der vergangenen Nacht in Berlin eine Mauer zwischen dem West- und Ostteil der Stadt errichtet worden war, dass alle Verkehrsverbindungen zwischen den beiden Teilen der Stadt unterbrochen seien. Ich war verzweifelt. Das Mädchen, das ich heiraten wollte, war im Osten unseres Landes, getrennt durch eine kaum überwindbare Mauer. Das bedeutete, dass wir nicht wie geplant würden heiraten können.

Ich war aufgrund dieser Nachricht ganz durcheinander - entmutigt und niedergeschlagen.

Meine Mutter und ich knieten an jenem Sonntagmorgen nieder und flehten den Herrn um Hilfe an. In inbrünstigem Gebet hofften wir, dass er irgendeine Möglichkeit finden würde, damit Gisela und ich letztlich doch zusammenkämen. Ich war so deprimiert, dass ich mich in den Versammlungen nicht auf das konzentrieren konnte, was die Sprecher sagten oder was in der Klasse besprochen wurde.

Wir gingen dann wie immer nach Hause und fanden zu unserem großen Erstaunen ein Telegramm von Gisela vor. Ich konnte es nicht glauben - sie war in West-Berlin, zu diesem Zeitpunkt für mich unglaublich und unbegreiflich! Denn sie sollte ja erst in einigen Tagen in West-Berlin eintreffen.

Am folgenden Freitag dann kam Gisela auf dem Hamburger Flughafen an und berichtete, wie und warum sie am Samstagnachmittag - wenige Stunden vor Beginn des Mauerbaus - nach West-Berlin gekommen war.

„Samstagmorgen war ich gerade mit den Vorbereitungen für eine Distriktsversammlung beschäftigt, als mein Vater hereinkam und mich aufforderte, noch heute nach West-Berlin zu fahren. Ich erwiderte, dass Mutter und ich alle Vorbereitungen getroffen hätten, um Dienstag zu fahren. Außerdem hätte ich noch die Distriktsversammlung vorzubereiten. Doch mein Vater bestand darauf, dass wir sofort abreisten. Als ich nach dem Grund dafür fragte, sagte er nur, dass er es selbst nicht wisse - er wisse nur, dass wir so schnell wie möglich reisen sollten.

Ich konnte das nicht verstehen - es klang nicht nach meinem Vater, eine derart unverständliche und unlogische Entscheidung zu treffen. Ich fragte ihn erneut nach einem Grund dafür, und er sagte: 'Ich kann dir keinen guten Grund nennen. Ich habe nur dieses unruhige Gefühl, und ich fühle eindeutig, dass ihr sofort nach West-Berlin reisen solltet.' Er lehnte jede weitere Diskussion ab, sagte meiner Mutter, dass sie mit mir reisen solle und warnte uns, uns unterwegs nicht aufzuhalten. Seine Art war so bestimmend, dass Mutter und ich uns entschlossen zu tun, was er sagte. Wir packten unsere Koffer und fanden uns im nächsten Zug nach Berlin wieder. (Später bemerkten wir, dass es der letzte Zug war, den wir hätten nehmen können.)

Wir hatten ursprünglich geplant, die erste Nacht bei

meinem Bruder in Ost-Berlin zu verbringen, um dann den hinterlegten Flugschein bei Freunden in West-Berlin abzuholen. Aus unerklärlichen Gründen entschieden wir uns, direkt und unmittelbar zu jenen Freunden zu fahren, den Flugschein zu holen und dann nach Ost-Berlin zurückzukehren, um dort den Abend und die Nacht zu bleiben. Doch als wir in West-Berlin eintrafen, baten uns die Freunde, bei ihnen zu übernachten. Ganz entgegen unserer Absicht nahmen wir die Einladung an und blieben somit über Nacht in West-Berlin.

Du kannst dir nicht vorstellen, wie erschrocken und auch erfreut wir am nächsten Morgen waren, als wir erfuhren, dass während der Nacht eine hermetische Sperre, die Berliner Mauer, errichtet und die Grenze geschlossen worden war. Die Stadt war damit geteilt.

Ich bin froh und glücklich, dass mein himmlischer Vater meinen irdischen Vater inspirierte, mich am Tag vor diesem uns nicht bekannten Mauerbau auf die Reise zu schicken. Auch bin ich sehr dankbar, auf seinen inspirierten Rat gehört und ihn befolgt zu haben.

Meine Mutter wollte natürlich zurück zu meinem Vater, und so ging sie an jenem Morgen nach Ost-Berlin und damit in die DDR zurück. Wir trennten uns schweren Herzens, nicht wissend, ob oder wann wir uns jemals wieder sehen würden."

Als Gisela mir von diesem Erlebnis berichtete,

spürte ich, dass der Herr für unsere Heirat einen Weg geöffnet hatte, dass unsere Ehe eine besondere würde sein können. Der Herr hat uns wirklich gesegnet und beeinflusst. Wir wurden durch eine Macht zusammengeführt, die nicht mit menschlichen Möglichkeiten erklärt werden kann. Ja, es gibt eine Kraft des Heiligen Geistes, die uns inspirieren und führen kann. Meine Frau und ich können bezeugen, dass es so ist. Den Eingebungen der feinen, leisen Stimme folgend, hat unser gemeinsames Leben auf dramatische Weise begonnen. Für uns war wirklich ein Wunder geschehen.

Aus dem Buch „Stories of Insight and Inspiration" zusammengestellt von Margie Calhoun Jensen, Copyright 1976 by Bookcraft, Inc., Salt Lake City, Utah, USA. Übersetzt mit Genehmigung. Der deutsche Text wurde vom Autor erneut überarbeitet.

Prof. DIETER H. E. BERNDT lebt jetzt seit vielen Jahren mit seiner Frau und den Kindern, einem Jungen und zwei Mädchen, in Westberlin. Er wurde 1938 in Stettin geboren, wo seine Eltern sich bereits der Kirche angeschlossen hatten. Seit 1976 ist er Pfahlpräsident in Berlin. Es gingen viele kirchliche Berufungen voraus; unter anderem: Hoher Rat, Bischof und Ratgeber des Pfahlpräsidenten. Nach seiner Berufsausbildung zum Maschinenbauer studierte er und ist heute Hochschullehrer und Professor an der TFH Berlin, wo er als anerkannte Autorität im Bereich des Verpackungswesens gilt. Sein weites Tätigkeitsfeld reicht vom Initiator des „Berliner Verpackungsmodells" über den „Öffentlichen bestellten Sachverständigen" zum Mitglied mehrerer Beiräte, wie auch zum Juror verschiedener Preisgerichte, um nur einige Bereiche herauszugreifen.

Innere Spannung
Georg R. Schwarz

Seit März 1947 lebte ich nach unserer Vertreibung aus der Heimat Schlesien bereits in Köln am Rhein. Aber lange sechzehn Jahre hatte ich nicht die geringste Ahnung davon, dass ich in dieser Stadt „die köstlichste Perle der Erde" finden könnte! Ich hatte dort meine Schulausbildung beendet und meinen Beruf gefunden. In Köln bin ich so viel herumgekommen, dass ich die Stadt weit besser als meine Heimatstadt Breslau kennen gelernt habe. Ja, ich habe in Köln auch meine Frau gefunden, von der ich behaupte, dass sie „die wertvollste Perle in der Krone meiner Manneswürde" geworden ist; aber ohne diese besagte „köstliche Perle" haben wir beide noch in Gefahr geschwebt, dass unsere Ehe letzten Endes ohne das rechte Felsenfundament im Unglück hätte enden können.

Es war um die Osterzeit 1963, als ich mit Jozef Rzepczynski, einem polnischen Freund unserer Familie, über den Rudolfplatz im Stadtkern ging. Als ich einen Bilderstand gewahrte, um den herum wie abwartend einige junge Männer in dunkelblauen Anzügen standen, da sagte ich zu meinem Begleiter in einer hochmütigen Anwandlung: „Sieh' mal, Jozef, da drüben stehen welche, die es auch wieder 'genau wissen' wollen." Ich wundere mich heute erst darüber, woher mir eigentlich der Gedanke kam, dass diese Leute etwas mit Religion zu tun haben sollten. Aber meine angeborene Wissbegier und die ständig gewachsene Bereitschaft, mich mit allem Religiösen zu befassen, zogen mich wie ein Magnet zu diesem Stand hin. Schnell überflog ich die Bilder und die Kommentare. Meine Augen blieben dann an einem Stößchen dünner blauer Traktate hängen: „Joseph Smith erzählt seine Erlebnisse". Ich erfragte mir eins davon zum Mitnehmen, doch wollte ich nicht in ein Gespräch hineingezogen werden, weil wir andere Dinge vorhatten.

Sobald es mir möglich war, habe ich dann dieses blaue Traktat in einem durchgelesen. Danach war mir etwa so, wie wenn man mir soeben in Aussicht gestellt hätte, ich sollte kostenlos eine lange Weltreise unternehmen und dabei nicht wissen, wann ich wieder zu Hause sein würde. Kurz: Irgendwie dämmerte es mir, dass Konsequenzen auf mich warteten, weil ich damals schon wusste, dass ich auch dieses Neue ohne Widerstreben annehmen müsste, wenn Gott es mir auf meinen Lebensweg gelegt haben sollte. Sonst würde ich Gefahr laufen, wegen Ungehorsams alle die Segnungen wieder einzubüßen, die ich bis dahin schon empfangen hatte. Ich ging mit dem Traktat in der Hand zu meiner Frau in die Küche und sagte nachdenklich zu ihr: „Das Ganze ist so unbeschreiblich groß! Und es gibt eigentlich nur zwei Möglichkeiten: Entweder es ist wahr - dann ist es das Gewaltigste, das es überhaupt geben kann - oder es ist der schlimmste Betrug, den der Teufel sich jemals ausgedacht hat. Ich muss herausfinden, ob das wahr ist, und ich will deswegen den Herrn fragen." - Doch erst wollte ich noch mehr in Erfahrung bringen und vor allem wissen, was in diesem seltsamen *Buch Mormon* steht, von dem in dem Traktat die Rede war.

Die Sache wurde mir noch auffälliger, als mir bewusst wurde, dass ich innerhalb von zwei Wochen gleich dreimal hintereinander auf denselben Missionarsstand stieß, wo ich doch viele Jahre lang nicht ein einziges Anzeichen der „Kirche Jesu Christi der Heiligen der Letzten Tage" in Köln gewahr geworden war. Ohne damals „Lehre und Bündnisse", Abschnitt 59, Vers 21, zu kennen, hatte der Herr mich schon gelehrt, dass es für meine Erlösung notwendig ist, „in allen Dingen seine Hand anzuerkennen".

Bei den nächsten Begegnungen mit dem Missionarsstand konnte ich mir das gelb-rosa Traktat „Der Plan der Erlösung" und einige andere aus der Serie „Strahlen des lebendigen Lichts" sowie eines mit dem Titel „Über das Buch Mormon" mitnehmen. Ich fragte einen Missionar nach dem Schicksal unserer verstorbenen Vorfahren, die womöglich niemals in ihrem Erdenleben davon gehört hatten. Er stellte mir klugerweise die Frage, wie ich mir das vorstelle. Ich kam zu der Feststellung, es würde der Weisheit und Gerechtigkeit Gottes entsprechen, dass er allen Menschen irgendwie Gerechtigkeit und Barmherzigkeit widerfahren lassen werde. Das sei wohl richtig, bestätigte dieser Missionar. Es war Bruder Floyd Alphoso Madson, der mich und später auch meine Frau taufen sollte. Als er mir auf meine Frage nach dem *Buch Mormon* keins mehr geben konnte, bat er mich sogleich um einen Termin, wann er es mir nach Hause bringen dürfe.

Am Dienstag, dem 23. April 1963 um zehn Uhr erhielt ich das Buch von ihm. Ich habe dann nur ein paar Kapitel am Anfang gelesen, dann aus lauter Ungeduld den Schluss und noch die auf dem Schutzumschlag empfohlenen einzelnen Schriftstellen nachgeschlagen: und schon wurde ich das übermächtige Gefühl nicht mehr los, dass dieses Buch tatsächlich wahr ist. Das kam aus dem Herzen, aber auch der Verstand musste eingestehen: Niemals würde sich Satan so sehr herablassen und sich verleugnen und sich sozusagen „an das Messer liefern", indem er ein Buch hervorbrächte, das den Heiland und Erlöser Jesus Christus so verherrlicht und gleichzeitig den Teufel entlarvt, wie es durch das *Buch Mormon* geschieht.

Aber der natürliche Mensch in mir wollte sich jetzt erst recht nicht den Folgerungen ergeben und hoffte noch auf einen schmerzlosen, selbstgefälligen Ausweg, um an der Bedingung der Taufe vorbeizukommen, wo doch die „Mormonen" nichts mehr als nur „eine verderbliche Sekte" sein sollten. Ja, deshalb verstieg ich mich im Gebet sogar zu der Frage, welcher Kirche ich mich anschließen dürfte, nachdem ich getauft sein würde. Doch: „Es gebührt dir nicht, den zweiten Schritt zu wissen, bevor du den ersten nicht getan hast", lautete die liebevolle Anweisung des Herrn an meine Adresse.

Gleich drei Tage später, am 26. April 1963, erkläre ich vor dem Amtsgericht Köln meinen Austritt aus der evangelischen Kirche. Ich wollte keinen Tag länger einer Kirche angehören, die ohne wahre göttliche Vollmacht des Priestertums dasteht. „Gehet aus von ihr, mein Volk, dass ihr nicht teilhaftig werdet ihrer Sünde, auf dass ihr nicht empfangt etwas von ihren Plagen" (Offenbarung 18:4 ff.).

Die nächsten zwei Sonntage sah man mich neben den Missionaren in den Versammlungen der Heiligen. Wie herrlich klangen die Zionslieder, die mir übrigens so vertraut vorkamen, dass ich sie gleich mitsingen konnte. Und nach der letzten Versammlung stand ich entschlossen vor dem damaligen Gemeindepräsidenten Hans P. Blesen und meldete an: „Ich möchte getauft werden!"

Als er meinte, dass das so einfach nicht ginge, bevor ich nicht eine Reihe von Geboten als Bedingung halten würde, beruhigte ich ihn eilig mit meiner Feststellung, dass ich dies alles akzeptiere und bereits halte. Und da das tatsächlich so war, fragte mich zwei Tage später der leitende Missionar Bruder Larson, ob ich mir die Sünden, die der Herr gerne durch die Taufe von mir abwaschen und ihrer nie mehr gedenken werde, ob ich mir die auch selber vergeben und mich nicht mehr damit beschweren wolle. Das war mir zwar eine ganz neue Sicht, aber ich bejahte dies von ganzem Herzen.

Nachdem mein Entschluss feststand, mich taufen zu lassen, fühlte ich wie nie zuvor, dass die ganze Hölle unterwegs zu sein schien, um meinen Entschluss umzustoßen. Und ich begann meinerseits zu fürchten, dass etwas gegen meinen Willen geschehe und meine Taufe verhindern könnte, und sehnte mich ihr um so mehr entgegen. Immer wieder fand ich Trost im Gebet, und schließlich sprach mir der Herr Frieden ins Gebet, indem er mich wissen ließ, dass er mich selbst aus der Hölle erretten könne. falls ich durch einen Irrtum dorthin gelangen würde; denn er habe sein Blut nicht umsonst für mich vergossen und werde seine Hand nicht von mir tun, weil er wisse, dass ich nur IHN suche.

Der Tag meiner Taufe wurde ausgerechnet auf den Geburtstag meiner Schwester festgesetzt. Meine Verwandten wussten noch nichts von meinem Vorhaben.

Weil diese Sache mir so ungeheuer schwerwiegend erschien, hatte ich sogar den Mut, den Herrn um ein unmissverständliches Zeichen zu drängen. Nicht um ein Zeichen, um glauben zu können, nein, denn ich wusste ja bereits, dass das *Buch Mormon* wahr ist und auch, dass das Zeugnis von Joseph Smith als einem Propheten Gottes in meine Seele gedrückt worden war. Nein, was mir zu schaffen machte, war dies:

Noch nie vorher hatte ich auf meinem Glaubenswege gegen fühlbare geistige Gegenströmung ankämpfen müssen wie jetzt. Ich war es gewöhnt, nur solche Wege geführt zu werden, auf denen sozusagen bereits alle Tore offen standen, und ich immer nur hindurch zu schreiten brauchte, weil der Herr sie schon geöffnet hatte. Nun aber musste ich zum ersten Mal alle meine noch schwachen eigenen geistigen Kräfte, die ich auf meinem Glaubenswege hatte sammeln dürfen, bis zum Äußersten anstrengen, um auf den Beinen zu bleiben.

Erst Jahre später ging mir auf, dass dies eine Parallele zu der Erfahrung ist, die der Prophet Joseph Smith als junger Mann dort im Walde machen musste, als er anfing, Gott anzurufen, um nach der wahren Kirche zu fragen. Während ich ja bis jetzt für das Reich Satans keine akute Gefahr bedeutet hatte, fiel nun die Macht der Finsternis über mich her, um mir das Zeugnis des Heiligen Geistes von der Wahrheit des wiederhergestellten Evangeliums streitig zu machen. Dies soll allen aufrichtig Wahrheitssuchenden, die dies lesen, ein Trost und zusätzliches Zeugnis für die Wahrheit sein, wenn ihnen ähnliche Dinge widerfahren.

Aus diesem geistigen Ringen erklärt sich, dass ich immer wieder meinen Hilferuf zum Himmel sandte, mir zu zeigen, dass er zu mir stehe. Auch wünschte ich, allen meinen Zeitgenossen so klar wie nur möglich bezeugen zu können: Hier ist endlich die wahre Kirche Gottes auf Erden!

Doch in den geheimsten Räumen meiner Seele fürchtete ich mich noch zeitweilig wie Jonas, der nach Ninive gehen sollte, um Buße zu predigen. So kam endlich der Tag meiner Taufe heran, der 11. Mai 1963. Am Morgen dieses strahlenden sonnigen Tages, als ringsum nur die reinsten Schönwetteranzeichen zu erkennen waren, schrie ich schließlich im Gebet zu Gott, er möge es der Deutlichkeit halber mächtig vom Himmel heruntergießen lassen, falls an dem Zeugnis, das ich fühlte, irgendein Betrug sein sollte. Und wie es wohl nicht anders sein sollte, hatte ich mich damit zunächst „aus dem Regen in die Traufe" begeben, was meine inneren Kämpfe angeht.

Auf dem Weg zur Geburtstagsfeier im Hause meiner Eltern erblickte ich wider Erwarten die erste und dann immer mehr beängstigend dunkle Wolken am

Himmel. Und seltsam genug: Ich fürchtete jetzt doch tatsächlich, es könnte nicht wahr sein, dass ich dem Königreich Gottes nahe gekommen war. Und meine Furcht, es könnte etwas meine Taufe verhindern, nahm zu. Es quälte und schmerzte mich dieser Gedanke, und ich betete immer heftiger im Herzen, dass der Herr diese Spannung endlich zerreißen und mir entweder das eine oder das andere deutlich zeigen möge. Ich wollte mich auf jede Antwort gefasst machen. Von meiner inneren Spannung sagte ich meiner Frau nichts.

Obwohl schließlich der ganze Himmel bewölkt war und ein frischer Wind ausgesprochene Regenwolken niedrig über das Land jagte, ja, obwohl es aussah, als müssten sich jeden Augenblick die Himmel ausschütten - es regnete nicht! Nur von irgendwo her fiel mir ein einziger Tropfen Wasser genau auf die Nase. Mir war es, als spräche der Vater ganz liebevoll zu mir: „Bist du nun zufrieden? Was versuchst du mich mit einem Zeichen, du Kleingläubiger! Aber dieser eine Tropfen soll dich stets daran erinnern, dass du es in dieser Kirche, die mein Werk ist, dennoch mit Menschen zu tun hast, die nicht immer meinen Willen tun. Bleibe du nur an meiner Hand, und nichts wird dich überwinden können!" -

Dankbaren Herzens bezeuge ich heute, dass ich durch die Erinnerung an diese liebevolle Warnung schon manchmal davor bewahrt geblieben bin, mich von menschlichen Schwachheiten irgendwelcher Art beirren zu lassen.

An diesem Nachmittag versuchte ich dann, meinen Lieben behutsam beizubringen, dass ich mit meiner Familie etwas früher aufbrechen müsste, weil wir zur Taufe nach Köln zurück wollten. Als wir auf die erstaunte Frage, wer denn getauft würde, kurz andeuteten, dass ich selbst mich taufen ließe, fiel meiner Schwester nur noch die Feststellung ein: „Aber was willst du denn, du bist doch schon getauft!?" Mir blieb zum Glück keine Zeit mehr für große Erläuterungen; denn ich hatte nur noch den Wunsch, endlich getauft zu werden. Die Verwirrung der Gedanken und Gefühle, die damals dort ganz ohne mein Wollen in meinen Lieben ausgelöst worden ist, hat sich leider bis heute noch nicht gänzlich auflösen lassen, obwohl ich alle meine Verwandten seit meiner Taufe so herzlich liebe, wie ich es niemals zuvor vermochte.

Doch, ich erlebte an diesem selben Abend das wundersame Wasserbad meiner Taufe und atmete - nun endlich befreit von den Angriffen der Finsternis - beseligt Himmelsluft ein. Ich war dem Himmel noch nie vorher so nahe gewesen. Dann legten die Ältesten die Hände auf mein Haupt, bestätigten mich als ein Mitglied der Kirche Jesu Christi der Heiligen der Letzten Tage und forderten mich auf, den Heiligen Geist zu empfangen. Bruder Blesen sprach dazu einen besonderen Segen. Nach dem Amen fiel ich sofort an meinem Stuhl auf die Knie - ich konnte nicht anders - und dankte Gott unter Freudentränen, dass ich meine Taufe erleben durfte, so dass ich nun endlich ohne all die Last der Schuld ganz rein vor ihm stand.

Wahrheit zieht Wahrheit an, Erkenntnis drängt zu Erkenntnis und Licht sehnt sich nach Licht wie Reinheit nach Reinheit, und Liebe nimmt immer mehr zu, wenn sie auf Wahrheit gegründet ist und sich verschenkt: Das ist das Werk Jesu Christi, das er durch Joseph Smith in diesen Letzten Tagen wieder aufrichten ließ. Es wird heute ebenso durch seinen Propheten Spencer W. Kimball geführt wie bisher durch die Männer vor ihm, jeder durch Offenbarung und Vollmacht Gottes in sein Amt eingesetzt. Seine Kirche auf Erden ruht auf dem unersetzbaren Felsenfundament fortwährender göttlicher Offenbarungen.

GEORG R. SCHWARZ stammt aus einer Beamtenfamilie und hat beruflich die Tradition fortgesetzt. Unter anderem war er fünf Jahre als bestallter Standesbeamter tätig. Heute ist er, Vater von einem Jungen und zwei Mädchen, Steuerprüfer bei der Stadt Köln.
Nach seiner Taufe erhielt er viele verschiedene Berufungen in der Kirche. Es sei hier nur seine Amtszeit als Gemeindepräsident in Köln und Mönchengladbach erwähnt.

Seine Hobbys und Interessen sich so vielfältig, dass er sich fragt: „... was eigentlich interessiert mich nicht? Alles, was nicht schön, edel, erhaben, brauchbar, nützlich, nicht 'von oben' ist!"

Die sollen nur kommen!
Marianne Schmidt

Meine Familie und ich sind 1954 aus der DDR in die Bundesrepublik gekommen. Nach einem Jahr Aufenthalt in Berlin-Schöneberg, bei Vaters Schwester, zog ich Ende 1955 nach Hamburg-Altona zu meinen Eltern. Ich hatte in Berlin eine Handelsschule besucht, weil meine Berufsausbildung in Hamburg nicht weitergeführt werden konnte. In Hamburg fand ich ganz schnell eine Stellung als Buchhalterin und versuchte auch, zu der evangelischen Kirche wieder Kontakt zu bekommen. Denn in Schwerin war ich recht rege in der „Jugend Gemeinde" gewesen. Es gelang mir aus verschiedenen Gründen nicht. Kurz gesagt, die Welt hatte mich doch mehr oder weniger gepackt. Das änderte sich 1958 im Oktober. Meine Mutter berichtete mir eines Abends, dass zwei junge Männer dagewesen seien, die wiederkommen wollten, um mit uns zu sprechen. Sie hatten auch ein Traktat dagelassen.

Mir wurde meine ganze religiöse Erziehung bewusst. Die sollten nur kommen! Denen würde ich schon etwas erzählen. Die beiden kamen tatsächlich, nicht zu glauben, sie wagten es. Meine Mutter, meine Schwester und ich hörten uns ihren Vortrag an. Seltsamerweise luden wir sie wieder ein. Sie kamen, wir hörten wieder zu. So ging es etliche Male. Eigenartig für mich war der Zustand, dass die beiden redeten, und ich ihnen nichts Konkretes entgegenhalten konnte. Im Gegenteil, als uns ein Diavortrag gegeben wurde, meinte meine Mutter recht nervös - denn inzwischen lud ich ein, nicht mehr sie - : „Das kennen wir ja auch." Und das stimmte nicht, denn es ging um Lehis Reise mit seiner Familie. Ich musste widersprechen. Ich erinnere die Situation noch heute recht gut. Es war ein entscheidender Augenblick in meinem Leben. Damals habe ich es nicht gemerkt, aber im Nachhinein sehe ich es ganz klar.

Ich begann, die Gemeinde zu besuchen und verstand immer mehr das Evangelium. Irgendwie war für mich der Weg zur Gemeinde Altona, damals noch in einer Schule, nicht nur zur Gewohnheit, sondern zur Notwendigkeit geworden. Die Missionare, ihre Namen waren Krauser und Call, hatten mich ganz gut in die Gemeinde eingeschleust. Die Mitglieder machten es mir nicht schwer. Hatten mir zunächst nur die Lieder besonders gut gefallen, so fühlte ich mich in der Gemeinde allmählich viel wohler als in meinem Elternhaus. Bei den Bauarbeiten am eigenen Gemeindehaus an der Elbchaussee half ich freiwillig und gerne mit. Dort hatte ich stets ein gutes, warmes Gefühl. Zu meinen Eltern war die Beziehung zu jener Zeit äußerst gespannt. Mein Vater hatte sich immer diskret zurückgehalten, meine Mutter und meine Schwester hatten sich zurückgezogen. Dieser Zustand wurde fast unerträglich. Doch zum Glück waren da die Gemeindemitglieder.

So allmählich kam in mir der Wunsch auf, ganz dazuzugehören. Ich wollte getauft werden. Der erste Anlauf im Mai 1959 misslang, da meine Eltern kein Verständnis aufbrachten. Ich nahm an allen möglichen Aktivitäten teil, zahlte meinen Zehnten, ging sogar auf Stadtmission und hatte gute Freunde in der Gemeinde. Im Sommer fuhr ich zu einer Jugendtagung auf die Freusburg. Es war alles sehr schön. Vieles war für mich wie ein Traum, weil ich mir Jugend nur in meinen Träumen so vorgestellt hatte. Der Höhepunkt war die Zeugnisversammlung. Inzwischen habe ich an ungezählten Zeugnisversammlungen teilgenommen; doch die besten sind für mich nach wie vor die Zeugnisversammlungen Jugendlicher. Es ist immer ein ganz besonders guter Geist dort.

Am ersten August wurde ich dann in Eppendorf getauft. Weil ich inzwischen volljährig geworden war, brauchte ich die Einwilligung meiner Eltern nicht mehr. Mein Tauftag, irgendwie war er da. Ich weiß heute nicht mehr die Einzelheiten, weder wie ich in die Taufwäsche kam und wer mir aus dem Wasser half, noch wie die Konfirmation war. Aber ich weiß noch, dass es im Taufraum unheimlich hell und warm war. Ich fühlte mich wie auf Wolken. An viele Gesichter der Anwesenden kann ich mich auch noch erinnern. Einer von den Missionaren, der mich gefunden hatte, hat mich getauft. Über meine Taufe wurde in der Altonaer Gemeindezeitung berichtet. Das hatte unglaubliche Folgen.

Meine Mutter fand die Zeitung und war völlig außer sich. Meine Taufe brachte sie so durcheinander, dass ich das Gefühl hatte, sie sei in Satans Hand. Nie vorher, und glücklicherweise auch nie nachher, habe ich sie so gesehen. Und auch ich habe nie solche Macht über meine Mutter gehabt wie zu dieser Zeit. Sie war wie von Sinnen durch das Zimmer gelaufen, hatte Wasser durch die Gegend gegossen und unartikuliert Geschrien. Ich war wirklich sprachlos. Mir fiel ein, wie Joseph Smith mit der dunklen Macht gekämpft hatte. Es war nicht ich, die leiden musste, sondern meine Mutter. Wenn ich vorher sagte, ich hätte Macht über sie gehabt, so muss ich berichtigen, der Herr ließ seine Macht walten und half mir, dass meine Mutter wieder zu sich kam. Sie war so erledigt, dass sie an der Wand, an die ich sie endlich gedrückt hatte, völlig kraftlos in sich zusammen sank. Von dem Vorfall wusste sie später nichts genaues mehr.

Wo liegt Glückstadt?

Marianne Schmidt

Als ich mich taufen lassen wollte, hatte ich den Wunsch, im offenen Gewässer getauft zu werden. Ich war der Meinung, ich müsste ein wenig Pionieratmosphäre einfangen. Bruder Michael Panitsch, damals Distriktspräsident, meinte: „Bitteschön, aber dann in Glückstadt." Dort gäbe es die nächste Gelegenheit für mich. Meine Reaktion war ein spontanes „Nein", denn ich hatte keine Ahnung, wo in aller Welt dieses Glückstadt lag.

Nach diesem Gespräch fuhr ich zur Jugendtagung. Während der Jugendtagung wurde der Gruß eines jungen Bruders verlesen, der zur Zeit bei der Bundeswehr diente, er kam aus Glückstadt. Ich fragte mich ganz erstaunt, wo das denn nur sei. So wichtig, dass ich in einem Atlas nachschlagen sollte, erschien mir die Sache nicht, doch ich wunderte mich irgendwie. Alle anderen schienen es zu kennen, da wagte ich schon gar nicht zu fragen.

Dritte Begebenheit zu diesem Thema: Es war genau der 6. Dezember 1959. Eine Sonderkonferenz wurde im Distriktshaus abgehalten. Eigentlich wollte ich im FHV-Chor mitsingen, aber leider kam ich etwas zu spät und wagte den Gang nach vorne nicht mehr. So setzte ich mich neben einen Bruder aus Altona, neben dem ein junger Bruder saß, der meinte, sich mit mir unterhalten zu müssen. Diese Unterhaltung erstreckte sich über den ganzen Tag. Ein kleines Marzipanschwein gewann dabei so an Bedeutung, dass ich seitdem an jedem 6. Dezember ein Marzipanschwein geschenkt bekomme. Der Bruder war aus Glückstadt, und ich wohne selbst seit jetzt 23 Jahren, die meiste Zeit meines Lebens, in Glückstadt. Oft habe ich gedacht, ich müsste hier heraus. Doch nach 23 Jahren ist für mich offenbar, dass es stimmt, was in Jesaja 55:8-9 steht: „Meine Gedanken sind nicht eure Gedanken, und eure Wege sind nicht meine Wege - Spruch des Herrn. So hoch der Himmel über der Erde ist, so hoch erhaben sind meine Wege über eure Wege und meine Gedanken über eure Gedanken."

Manchmal kam ich mir wie Jona im Walfisch vor. Jona wurde auch vom Herrn auf eine fast komische Weise an den Ort gebracht, an den er nicht hinwollte. Bisweilen komme ich mir so ähnlich vor. Ganz eindeutig: Jeder von uns kann ein Werkzeug für Gottes Werk sein.

Etwa eineinhalb Jahre nach dem bedeutenden 6. Dezember haben wir 1961 in der Schweiz im Tempel des Herrn geheiratet. Das war für mich ein so erhabenes Erlebnis, dass ich zu Tränen gerührt wurde.

Der Krankensegen
Marianne Schmidt

Gleich in der ersten Zeit unserer Ehe kündigte sich Familienzuwachs an. Doch der Herr entschied, dass dieses kleine Wesen nicht zu uns kommen sollte. Ich wurde so sehr krank, dass ich fast ein Jahr ununterbrochen in verschiedene Krankenhäuser musste - eine mehrmonatige Kur eingeschlossen. Viele Untersuchungen und Eingriffe besserten meinen bedrohlichen Zustand nicht. So entschied ich mich zu einem Krankensegen. Ich erwartete die Krankensegnung von einem bestimmten Bruder. Doch es wurden zwei andere Brüder geschickt, die ich nicht einmal kannte. Weil ich inzwischen gelernt hatte, dem Priestertum gegenüber gehorsam zu sein, war ich dennoch einverstanden. Ich hatte ja den Herrn gebeten, mir den rechten Weg zu zeigen. So bat ich meinen Arzt im Krankenhaus um einen Raum. Mir wurde die Ambulanz zur Verfügung gestellt. Ich wollte doch unbedingt diese Krankensegnung. Ich war auch ganz einfach gewiss, dass sie helfen würde.

Am nächsten Tag wurde ich geröntgt. Meine Krankheit war zum Stillstand gekommen.

Obwohl ich an nichts anderes als an die Heilung geglaubt hatte, war ich fassungslos. Ich labte mich fast an der Sprachlosigkeit der Ärzte. Der Herr hatte meine Gebete und die meines Mannes gehört. Er hatte die Salbung anerkannt. Die beiden Brüder sind sehr verschiedenartige Menschen, beide sagen heute noch (21 Jahre später), ich hätte alles so gut vorbereitet, mein Glaube hätte mir geholfen. Aber was wäre trotz meines Glaubens ohne ihr Priestertum bewirkt worden?

MARIANNE M. L. SCHMIDT behauptet, am liebsten durch die ganze Welt zigeunern zu wollen. Land und Leute interessieren sie besonders. 1937 in Schneidemühl geboren, lebt sie jetzt mit ihrem Mann, einem Sohn und drei Töchtern in Glückstadt, wo sie in der Gemeinde über zehn Jahre als FHV-Leiterin eingesetzt war; seit 1975 ist sie durchgehend Seminarlehrerin. Sie ist stolz auf ihre Kinder und darauf, dass sie Mutter sein kann. Heitere und klassische Musik hört sie gern und singt auch im Chor. Als Kind gehörte sie dem Kinderchor des Radios Schwerin an.

Trachtet zuerst nach dem Reich Gottes ...
Udo Lange

Ich führte bisher ein ausgefülltes, begnadetes Leben, das mich und meine Familie von schweren Krankheiten verschonte, das heißt nur solche Krankheiten bescherte, die heutzutage heilbar sind. Mir ist es vergönnt, an allen schönen Dingen des Lebens Freude zu gewinnen, die mich umgeben und mit denen ich mich beschäftige. Natürlich steht hier an erster Stelle meine Familie, für die ich außerordentlich viel Zeit habe und mit der ich meine Hobbys teilen kann: Schwimmen, Segeln, Wandern, Skifahren, aktives Musizieren, passives Musikhören, Theaterbesuche, Auto-, Motorrad- und Radfahren, Gartenpflege, Heimgestaltung, Camping- und andere Ferien gemeinsam verbringen und vieles mehr. Leider verringerte sich zeitweilig der Kontakt zu einem Sohn, der im Glauben an den Fortschritt der Menschheit und an die Chancengleichheit auf eine (wie sich später herausstellte: sozialistisch orientierte) Schule geschickt wurde, die unseren Familienerwartungen völlig zuwider lief. Welch folgenschwerer Irrtum! An zweiter Stelle standen immer meine Berufungen im Werke des Herrn. Auch hier mein besonderer Vorzug: Ich habe sie immer gern und mit Begeisterung ausgeübt. Ein wesentlicher Teil meiner Zeit beansprucht - wie bei den meisten Mitmenschen - mein Beruf. Wahrscheinlich nur wenige Menschen haben ihr Hobby zum Beruf erheben können, ich gehöre zu ihnen. Nachdem ich nebenberuflich festgestellt hatte, dass ich als Lehrer erfolgreich sein könnte, strebte ich dieses, mein zweites Berufsziel an. Später veranlasste mich der Wunsch nach höherem Einkommen und nach größerer Entfaltungsmöglichkeit zu einer freiberuflichen Tätigkeit, die mir einen Bekanntheitsgrad weit über meine Wohngemeinde hinaus einbrachte. Der Einzugsradius meiner kaufmännischen Privatschule hat in zwanzig Jahren die 100-km-Grenze längst überschritten. Inzwischen hat mich dabei der Ehrgeiz gepackt: (fast) alle Schüler erreichen ihr Bildungsziel, und dieses Image kann auch bedrückend wirken.

Wenn man im Werke des Herrn seit vielen Jahrzehnten „an der Front" steht, empfängt man eine Fülle von Hinweisen der göttlichen Führung, dass es nicht mehr möglich erscheint, sich von den Wegen des Herrn zu entfernen. Beten wir dennoch um die Erhaltung des Glaubens! Besonders macht mich der Tatbestand demütig, mehr als häufig erfahren zu haben, wie sehr der Heilige Geist seine Erkenntnisse ausgießt, damit im göttlichen Werk „aktuell" gearbeitet werden kann. Sicher gehöre ich zu denen, die weniger beten als andere. Dabei gehe ich aber von einer gewissen Grundhaltung aus, die „im Gebet lebt" und die mich ständig in der Nähe der göttlichen Führung wandeln lässt, so dass ich ruhig, zuversichtlich und bestimmt leben und wirken kann.

Meine vorkirchliche Zeit

1945 wohnte ich als elfjähriger Junge in Elbing (Westpreußen). Das Kriegsgeschehen entwickelte sich so, dass die russische Armee auch meine Heimatstadt überrannte. Am Tage des Eintreffens dieser Truppen ging ich mit meiner Großmutter aus dem elterlichen Haus in den Garten. Wir wussten nicht, dass die feindlichen Truppen schon da waren. Plötzlich wurden wir von Maschinengewehrgarben umgeben. Ich wusste damals noch nicht, dass ich mich hinlegen müsste. Die Kugeln zischten nur so an uns vorbei. Dennoch blieben wir unversehrt. Nach kurzer Zeit hörte auch der Schütze auf zu schießen. Sollten wir erst das Evangelium kennen lernen und darin tatkräftig arbeiten?

Wie ich meine Frau kennen lernte

Als junger Mann wollte ich eine Führerschein für das Autofahren erwerben und ging in eine Fahrschule. Die dort tätige Sekretärin machte auf mich einen so starken Eindruck, dass mir ihre Gesamterscheinung und das Geschehen ihrer ersten Begegnung wie ein Blitz den Rücken hinunterfuhren. Sie ist jetzt meine Frau. War es Liebe auf den ersten Blick? Für mich war es mehr. Ich glaube sehr sicher, dass diese erste Begegnung mit ihr eine Verbindung zum Vorherdasein herstellte. Wie sonst hätte ich diesen Engel für mich gewinnen können?

Die Offenbarung einer Kindersegnung

An einem Sonntag fuhr ich wie gewohnt zur Kirche. Auf dem Hinweg überlegte ich mir, welchen besonderen Segen ich dem Kind der Familie Schönfeld (von dessen Geburt ich wusste und vermutete, dass an diesem Tage die Kindersegnung sein könnte) bei der Kindersegnung geben würde. Mir kamen ziemlich genaue Inhalte in den Sinn. Als ich an diesem Sonntagvormittag in der Gemeinde war, kam der Gemeindepräsident zu mir und bat mich, die Kindersegnung für das Kind der Familie Schönfeld durchzuführen. Ich konnte sagen: „Ich bin darauf vorbereitet."

Gebet und Tod

In der Gemeinde gab es einen Bruder Steinkühler, der an Schüttellähmung litt. Sein Zustand verschlechterte sich im Laufe der Jahre derart, dass man sein Leiden nicht mehr gut ertragen konnte. Eine Krankensegnung brachte nicht den erhofften Erfolg. Alle Brüder wurden gebeten, an einem Sonntag für diesen Bruder zu fasten. Nach dem Gottesdienst fanden sich die Priestertumsträger der Gemeinde in einem der Klassenräume ein. Ich war einer der jüngsten unter ihnen. Die Brüder knieten sich im Kreis nieder, ein Bruder betete, der Vater im Himmel möge diesem Bruder Linderung gewähren oder ihn von seinem Leiden erlösen, wenn es keine Möglichkeit der Hilfe gäbe. Wenige Zeit darauf fand die Beerdigung statt.

Etwas Ähnliches erlebte ich etliche Jahre später bei meiner Schwiegermutter. Sie war im hohen Alter sehr krank geworden und litt sehr. Über ihren Zustand musste ich weinen. Ich fasste den Entschluss, für sie zu beten: der Vater im Himmel möge ihr Linderung verschaffen oder sie von ihrem Zustand erlösen, wenn es keine Hilfe gäbe und er es für richtig hielte. Wenige Zeit darauf fand die Beerdigung statt.

Gerade dieses letzte, persönliche Erlebnis stimmte mich sehr nachdenklich, ob ich das Recht gehabt hätte, meinem Vater im Himmel einen solchen Wunsch vorzutragen. Ich kam dem Gedanken sehr nahe, über ihr Leben entschieden zu haben, weiß aber, dass ich ihr durch mein Gebet helfen konnte.

Antjes Geburt

In unserer Ehe war es immer der Herzenswunsch meiner Frau gewesen, ein Mädchen zu bekommen. Immer hatten wir auch den Namen dafür bereit, aber wir mussten ihn zurückstellen. Der zweite Sohn bekam wenigstens zum Trost einen ähnlichen Namen. Wir zögerten lange mit einem dritten Kind, weil wir meinten, Jungen genug zu haben. Dennoch fassten wir den Entschluss, unsere Familie zu vergrößern. Als meine Frau schwanger war, betete ich inbrünstig, der Vater möge den Wunsch meiner Frau erfüllen und uns ein Mädchen schenken. Kurze Zeit darauf wurde die schon länger bestehende Schwangerschaft meiner Frau aus „unerklärlichen" Gründen unterbrochen. Im Traum sah ich den Himmel offen und sah auch, wie ein Junge, der für uns bestimmt war, zurückgerufen wurde und an seine Stelle ein Mädchen kam. Ich sagte zu meiner Frau und zu meinen Bekannten: „Wir werden jetzt ein Mädchen bekommen." Neun Monate später wurde Antje geboren. Antje ist ein Mädchen, dass viel für die Liebe in unserer Familie beisteuert.

Trachtet zuerst nach dem Reich Gottes ...

Im Rahmen des Unterrichts an meiner Schule wird insbesondere das Vertragsrecht gelehrt, in dem es für jeden Partner ein Geben und ein Nehmen gibt. Dieser Grundsatz spielt auch in all meinen Tätigkeiten, besonders beruflicher Art, eine wichtige Rolle. Mein Vater im Himmel ist mein wichtigster Geschäftspartner. Er gibt mir alle Anweisungen über das, was ich für das Unternehmen zu veranlassen habe. Durchschnittlich alle fünfeinhalb Jahre wurde die Unternehmensgröße verdoppelt. Und immer konnte ich Arbeiten verrichten, die ich nie gelernt hatte. Fast in all den zwanzig Jahren seit Geschäftsgründung meldeten sich die Mitarbeiter bei mir, die ich gerade brauchte, fast immer minutengenau. Soll das keine Führung sein?

Ich bemühe mich (mehr schlecht als recht), ständig herauszufinden, was ich für den Vater im Himmel tun kann, und zwar im Rahmen des Werkes seines Sohnes, wie es durch die Kirche gelehrt wird.

Vor einigen Jahren musste ein wichtiger Entschluss

gefasst werden, den Handelsschulzweig nicht mehr weiterzuführen, weil die Entwicklung der staatlichen Schulen diesen Zweig an einer Privatschule überflüssig machte. Dieser Unternehmensteil war aber bis dahin eine wichtige Säule gewesen, und es war unklar, wie es weitergehen solle. Einen Tag nach dem Entschluss rief der Direktor der Schule, an der ich früher tätig war, an, ob ich nicht wieder bei ihm arbeiten wolle. Meine Frau arbeitete dort dann als Teilzeitkraft. Ich brauchte die Stellung nicht anzunehmen, da ich in der Schule anderweitige Tätigkeiten angliedern konnte. War das Angebot aber nicht eine wichtige Beruhigung? Ich habe keinen Zweifel: „Trachtet zuerst nach dem Reich Gottes ..."

UDO LANGE wurde 1934 in Elbing (Westpreußen) geboren. Über Berlin und Erfurt kam er nach Bielefeld, wo er sich 1948 der Kirche Jesu Christi der Heiligen der Letzten Tage anschloss. In der Kirche hatte er viele ehrenamtliche Führungspositionen inne. Als Gemeinde- und Distriktspräsident beeinflusste er maßgeblich den Fortschritt der Kirche im Bielefelder Raum. Auch seine kaufmännische Privatschule, der er als Schulleiter vorsteht, ist weit über Bielefeld hinaus bekannt. Er und seine Frau haben zwei Söhne und eine Tochter. Seit 1976 gehört er dem Hohen Rat des Pfahles Hannover an.

Die griechischen Namen
Baldur Stoltenberg

Die Missionare hatten uns vier Monate belehrt, bis meine Frau und ich zur Taufe bereit waren. Bei diesem Bekehrungsprozess hatte das *Buch Mormon* keine bedeutende Rolle gespielt. Nur wenige Verse hatte ich während dieser Belehrungsphase gelesen. Ohne mir dessen bewusst zu sein, war in mir bezüglich des *Buches Mormon* eine Unsicherheit. Mein Glaube an den Propheten Joseph Smith ruhte vornehmlich auf dem Plan der Erlösung, dessen gerechte Behandlung aller jemals über die Erde gegangener Menschen mich zutiefst überzeugt hatte.

In den Monaten unmittelbar nach meiner Taufe war ich ein eifriger Helfer der Missionare, einerseits, weil ich zu ihnen bislang das beste Verhältnis hatte, andererseits, weil ich durch Ämter noch nicht völlig in Anspruch genommen wurde, wie die anderen Brüder der Gemeinde. So war es natürlich, dass eines Sonntagmorgens der leitende Älteste vor Beginn der Sonntagsschule auf mich zukam und mir sein Problem schilderte. Er hätte einen Studenten der Geschichte zum Lesen des *Buches Mormon* bewegen können. Nun käme dieser Student mit der Behauptung, im *Buch Mormon* würden zwei griechische Namen erwähnt, was ein Anachronismus bedeute, da die Griechen um 600 v. Chr. mit den Israeliten noch keinen Kontakt gehabt hätten. Er bat mich um Unterstützung. Wie üblich, sagte ich meine Mithilfe sofort zu, war jedoch innerlich tief bestürzt, da ich selbst das *Buch Mormon* noch nicht kannte. Während ich noch mit dem leitenden Ältesten sprach, kam ein anderer neuer Missionar auf mich zu, stellte sich vor und sagte, er habe gehört, dass ich englisch lesen könne, deshalb wolle er mir ein interessantes Buch zum Lesen ausleihen. Ich lehnte dankend ab mit der Bemerkung, jetzt müsse ich erst einmal gründlich das *Buch Mormon* studieren.

Während der Sonntagsschule - man hatte mir schon die Belehrung der Theologieklasse anvertraut - war ich gar nicht bei der Sache. Immer gingen mir die griechischen Namen im Kopf herum. Als ein junger Bruder seine Späßen machte, die nicht zum Thema gehörten, wurde ich grob und sagte zu ihm, er könne die Klasse verlassen, wenn er Quatsch machen wolle. Gegen Ende der Sonntagsschule steigerte sich meine innere Unruhe zur Unerträglichkeit. Zu gern wäre ich mit meiner Frau nach Hause gegangen, um im *Buch Mormon* die betreffenden Stellen nachzulesen. Doch es war noch Priestertumsversammlung.

Mein Sohn und ich blieben. Doch ich war völlig abwesend. Der Unterricht rauschte an mir ungehört vorüber. Gedanken wie, sollte das *Buch Mormon* nicht wahr sein und, vielleicht hat sich der Geschichtsstudent auch getäuscht, wechselten sich ab. Nach der Priestertumsklasse kam der Missionar nochmals auf mich zu und sagte, wenn ich das Buch, das er morgens angeboten hatte mir auszuleihen, jetzt nicht lesen könne, so wolle er es mir schenken, damit ich es später einmal läse. Widerstrebend nahm ich das Buch, und ich weiß nicht einmal, ob ich mich bedankt habe.

Dann eilte ich mit meinem Sohn nach Hause. Unbefangen ging er neben mir und plauderte von dem, was er Neues in der Kirche gehört hatte. Sogar aus einem Automaten musste er sich noch Schokolade holen. Und ich, ich hatte kein Ohr für ihn. Immer wieder ging es in meinem Sinn herum: Bist du einem Irrtum, einer Selbsttäuschung erlegen? Wie kommen diese verwünschten griechischen Namen in das *Buch Mormon*? In meiner Not sandte ich ein stilles Gebet nach oben. Wenn ich der Hilfe des Gottes bedurfte, den ich gerade erst so richtig erkannt zu haben glaubte, so war es jetzt. Jetzt brauchte ich Erleuchtung.

Als wir zu Hause ankamen, war das Mittagessen noch nicht fertig. Meine Frau wollte ich auch nicht gleich mit meinem Problem überfallen, daher setzte ich mich ins Wohnzimmer. Niedergedrückt und gedankenverloren schlug ich das mir von dem Missionar übergebene Buch wahllos auf. Meine Augen traten fast aus den Höhlen. Die ersten Zeilen, die ich las, lauteten: „Das Erscheinen der Namen Timoteus und Lachonemus im *Buch Mormon* ist völlig in Ordnung, so seltsam dies auf den ersten Blick auch erscheinen mag." Dann wurde erläutert, warum Lehi mit diesen griechischen Namen vertraut sein musste. Ich dankte Gott und eilte spontan in die Küche, um meiner Frau die Entdeckung zu zeigen. Sie konnte natürlich aus Unkenntnis meiner Lage weder meine Erregung noch die volle Bedeutung des Fundes für mich erfassen. Nach dieser Gebetserhörung, wie ich es ansah, nahm ich mir fest vor, zunächst das *Buch Mormon* eingehend gebetsvoll zu studieren.

BALDUR STOLTENBERG wurde 1930 in Kiel geboren und stammt aus der in Schleswig-Holstein beheimateten großen Familie Stoltenberg. Nach dem Schulabschluss erlernte er zunächst das Handwerk des Maschinenschlossers, studierte dann Maschinenbau und später Wettbewerbsrecht. Heute ist der Ingenieur und Patentassessor Leiter der Patentabteilung eines bedeutenden Industriebetriebes. In der Kirche Jesu Christi der Heiligen der Letzten Tage, der er sich 1960 anschloss, wurden ihm stets verantwortungsvolle Aufgaben übertragen. Seit 1982 ist er Präsident des Pfahles Mannheim. Er interessiert sich für Literatur, besonders niederdeutsche Literatur, und Sport. Fünf mal war er Judo-Landesmeister im Mittelgewicht und Inhaber der 1. DAN. Er war auch Haupttrainer im größten Judoclub von Schleswig-Holstein. Zu seiner Familie zählen zwei Söhne und zwei Töchter.

Heimkehr
Margot Szalla-Köhler

Als Kind hatte mich das wehmutsvolle Gedicht von Adalbert von Chamisso mit dem Vers: „Ich kann nicht nach Hause, hab keine Heimat mehr", tief beeindruckt und bewegt. Damals ahnte ich nicht, wie sehr ich diesen Schmerz einmal selbst durch den Verlust meiner schlesischen Heimat empfinden würde. Viele Jahre hindurch bohrte diese Heimatlosigkeit in meinem Herzen, und immer pflegte ich zu sagen, wenn man mich fragte, ob ich mich in meinem neuen Wohnort eingelebt habe: „Nein, ich habe hier nur Luftwurzeln. Nichts bindet mich an meinen mir vom Schicksal zugewiesenen Arbeits- und Wohnplatz."

Meine Sehnsucht suchte die traditionsverbundenen Wurzeln im fernen Breslau, wo mein Elternhaus stand.

Vor dreizehn Jahren kamen Missionare der Kirche Jesu Christi der Heiligen der Letzten Tage zu mir. Es waren zwei liebenswerte junge Menschen, die es verstanden, mir das Evangelium überzeugend nahe zu bringen. Die selbstlose Liebe und die große Geduld, die sie mir entgegen brachten, waren so stark, dass es bald zu entscheidenden, lebendigen geistigen Gesprächen kam, durch die ich von der Wahrheit dieser Kirche überzeugt wurde. Bald stieg in meinem tiefsten

Inneren die Frage auf: ob der Herr mich wohl hierher geführt hatte, um seine wahre Kirche Jesu Christi zu finden? Im April 1969 wurde ich getauft. Doch ich lebte weiter mit meinen Luftwurzeln. Nachdem ich im Tempel war und an meine Eltern gesiegelt worden bin, fühlte ich mich mit meiner Familie wieder viel stärker verbunden.

Vor neun Jahren sah ich meine alte Heimat nach fünfunddreißig Jahren wieder. Es war ein emotionales Erlebnis. Mit einem Fuß ging ich durch mein altes Breslau und mit dem anderen durch das neue Wrocław. Vieles hatte sich verändert, denn die Stadt wurde am Ende des Krieges, während ihrer viermonatigen Festungszeit, nahezu völlig zerstört. Die Polen haben viele alte Bauten, gotische Kirchen, das schöne gotische Rathaus am Ring, die barocke Universität und viele andere sakrale und Prophanbauten genial restauriert. In der Stadt herrschte pulsierendes Leben. Mit meinen schmerzlichen Erinnerungen die Vergangenheit suchend, mischte sich aufrichtige Bewunderung für die Polen, die dieses Wunder des Wiederaufbaus dieser schönen alten Stadt vollbracht hatten.

Am schwersten war es, dass sich an diesem Ort, wo ich die deutsche Muttersprache gelernt habe, wo ich in die Schule ging, wo ich deutsche geistige Erziehung und meine Bildung erworben habe, mich nicht mehr verständigen konnte.

Da löste ich vorsichtig meine Wurzeln aus dem Boden der alten Heimat und ich fuhr nach Hause. Nachhause, wo ich nun hingehöre - in die große Familie meiner Gemeinde der Kirche Jesu Christi der Heiligen der Letzten Tage, wohin ich meine Wurzeln mitnahm - nämlich alle meine verstorbenen Angehörigen, dank des Segens der Genealogie, der Taufe für die Toten, deren Gräber es in Wrocław nicht einmal mehr gab. Dankbar habe ich die wunderbare Führung des Herrn erfahren und seinen Geist verspürt. Nun bin ich nicht mehr heimatlos.

MARGOT SZALLA-KÖHLER stammt aus einer Kaufmannsfamilie in Breslau. Dort wurde sie 1905 geboren. Nach dem zweiten Weltkrieg zog sie nach vielen Zwischenstationen nach Offenbach am Main, wo sie sich im Alter von 64 Jahren der Kirche Jesu Christi der Heiligen der Letzten Tage anschloss. In der Kirche ist sie besonders in der Frauenhilfsvereinigung tätig geworden. Sie studierte Medizin und schloss dieses Studium als Med. techn. Assistentin ab, weil es ihr als jüdischer Mischling I. Grades verwehrt wurde, Ärztin zu werden, was ihr größter Wunsch war. Den Krieg und die Verfolgung hat sie besonders schmerzlich empfunden. Doch sie schreibt: „Jeder Tag meines bewussten Lebens hatte seine Bedeutung. Stets hingezogen zum 'Guten, Schönen und Wahren' gab es eine

Menge zu lesen, zu lernen, zu hören und zu sehen. Talente und Interessen wurden mir reich in die Wiege gelegt und von den Eltern gefördert." Sie war stets hilfsbereit und verbrachte viel Zeit bei Kranken. Selbst durch Krankheit gekennzeichnet, bemühte sie sich immer wieder, dem Nächsten zu dienen. Sie starb am 29. Mai 1984 im Alter von 79 Jahren.

Die Kraft des Gebets
Fredy Lopper

Seit meiner frühesten Kindheit hatte ich nicht mehr gebetet. Im Oktober 1963 war ich 34 Jahre alt, als Missionare zu uns kamen, das wiederhergestellte Evangelium zu predigen. Ich konnte nicht beten und hatte kein Zeugnis von der Macht des Gebets. Elder Harald Welling und sein Mitarbeiter benötigten einige Wochen, ehe ich mich überwand, im stillen Kämmerlein hinkniete und betete. Moronis Verheißung (Moroni 10:4) erfüllte sich auch an mir. Ich erkannte die Notwendigkeit und die Tatsache der wiederhergestellten Kirche Jesu Christi. In meinem Innersten war ich tief erschüttert. Vieles in meinem Leben musste ich ändern. Zeitweise überkam mich eine gewisse Angst. Schließlich aber konnte ich mich überwinden und ging den Weg der Umkehr, der zum Vater im Himmel zurückführt. Die Gewissheit, ein geistiges Kind des Vaters im Himmel zu sein, die Klarheit des Evangeliums Jesu Christi, die Aufgabe des Priestertums und der Familie, die Führung durch einen Propheten, gaben mir Kraft, mein Leben zu ändern. Die ersten Jahre in der Kirche verbrachte ich in der Gemeinde Lankwitz in Berlin. Gute Brüder und Schwestern lehrten mich, das Evangelium immer besser zu verstehen, es zu lieben und zu leben. Diese Zeit im Pfahl Berlin war richtungsweisend für meine Entwicklung in der Kirche.

Im Sommer 1975, ich lebte mit meiner Familie schon einige Jahre in Wiesbaden, überkam mich das Gefühl, meine in Berlin wohnende Mutter würde nicht mehr lange leben. Mein Vater war schon vor einigen Jahren verstorben. Meine Mutter wollte Berlin nicht verlassen. In meinen persönlichen Gebeten schilderte ich dem Vater im Himmel ausführlich, was mich beunruhigte. Der Gedanke, meine Mutter könnte allein in ihrer Wohnung sterben, bedrückte mich. Immer wieder bat ich den Vater im Himmel, er möge meine Mutter nicht allein sterben lassen und ihr einen gnädigen Tod gewähren. Oft füllten sich meine Augen dabei mit Tränen.

Am 28. August 1975 fuhren meine Frau und ich für einige Tage zu meiner Mutter. Trotz der großen Hitze erwartete sie uns schon auf dem Balkon ihrer Wohnung in Lichtenrade. Es gab viel zu erzählen. Wir verlebten einige schöne Stunden miteinander. Am nächsten Morgen, es war unser Hochzeitstag, standen wir früh auf und frühstückten in aller Ruhe. Wir sprachen über unsere Hochzeit und die vielen Erlebnisse, die an gemeinsame schöne Stunden erinnerten. Ich war auf dem Balkon, meine Mutter wenige Meter hinter mir im Wohnzimmer, als ich einen erstaunten und etwas ängstlich klingenden Ausruf hörte. Sie sackte in sich zusammen und reagierte nicht mehr auf die Anrede meiner herzueilenden Frau und auf meine Worte. Wir riefen den Rettungsdienst an. Auf meinen Wunsch ging meine Frau auf die Straße, um das Rettungsfahrzeug schnell einweisen zu können und keine Zeit zu verlieren. Ich kniete neben meiner Mutter und hielt eine ihrer Hände. Nach einigen Minuten konnte ich kein Lebenszeichen mehr feststellen. Ich kniete unverändert neben ihr und dankte dem Vater im Himmel in einem langen Gebet für meine Mutter, meinen Vater, ihre Fürsorge und Liebe, die mich ein ganzes Leben lang begleiteten. Dann ging ich auf den Balkon und gab meiner Frau ein Zeichen. Ein tiefer Friede erfüllte mich. Ich konnte nicht begreifen, was passiert war, aber die Gewissheit, meine Eltern und Großeltern, alle Lieben und Freunde einmal wieder zu sehen, gab mir Kraft. Mein Wunsch war erfüllt. Meine Mutter war nicht allein verstorben. Ich konnte sogar bei ihr sein. Viele Gedanken gingen mir durch den Kopf.

Schließlich kam der Rettungswagen. Die Männer waren sehr nett. Sie brachten meine Mutter in ein Krankenhaus. Sie baten mich, ihrem Fahrzeug zu folgen und im Krankenhaus zur Verfügung zu stehen. Unterwegs überlegte ich, dass es für meine Frau besser sei, wenn jemand bei ihr wäre. Geschwister wohnten nicht in der Nähe. Meine Eltern hatten zu ihrem evangelischen Pfarrer Sadecki eine gute Verbindung gehabt. Ich rief bei ihm an. Er war nicht zu Hause. Seine Frau fuhr sofort in die Wohnung meiner Mutter und sprach mit meiner Frau. Pfarrer Sadecki setzte sich auch bei der Friedhofsverwaltung für einen frühen Beerdigungstermin ein. In Berlin ist eine Beerdigung nach drei Tagen eine Ausnahme. Nach einem Monat erhielten wir in Wiesbaden Bescheid, dass ein Nachmieter gefunden war, der bereit war, die Wohnung mit Inventar zu übernehmen. Ich fuhr wieder nach Berlin und sonderte die Sachen aus, die ich mitnehmen wollte. Schwester Friese, die Frau eines ehemaligen Lankwitzer Bischofs, half mir beim Ordnen der zeitlichen Angelegenheiten und beim Verstauen der Sachen in meinem PKW. Übrig blieben eine Couch und ein Sessel. Ich war in Zeitnot und hatte auch nicht mehr die Kraft, mich darum zu kümmern. Die Verbindung zu unserer alten Lankwitzer Gemeinde war nie ganz abgerissen. Darum rief ich Bischof Wenke an und bat ihn um Hilfe. Ich brauchte nicht viel zu sagen. Er kümmerte sich um den Versand. An der Grenze zur Bundesrepublik war die Zollkontrolle der DDR sehr verbindlich. Ich spürte, wie der Geist des Herrn auf die Menschen wirkte, wie Wege für mich geebnet wurden. Immer wieder habe ich in meinem Leben erfahren, wie der Herr mir durch Menschenhand half, wenn meine eigenen Kräfte nicht ausreichten. Das Gebet ist mir ein Bedürfnis, eine

Quelle der Erkenntnis und der Kraft geworden.

FREDY A. W. LOPPER, gelernter Gerber und Gerbereitechniker, arbeitet jetzt in der chemischen Industrie, wo er für den Verkauf technischer Folien zuständig ist. 1929 in Berlin geboren, lebt er nun glücklich mit seiner Frau in Wiesbaden. Aus der Ehe gingen zwei Töchter hervor. 1963 empfing er die ersten Missionare der Kirche Jesu Christi der Heiligen der Letzten Tage zwar mit den Worten: „Wenn Sie glauben, wir werden Mormonen, können Sie gleich wieder nach Hause gehen." Doch seit seiner Taufe ist er ein aktives Mitglied der Kirche und hat unter anderem als Gemeindepräsident und Bischof amtiert. Er sagt über sich selbst: „Einen hohen Stellenwert besitzt für mich die Familie ... wie meine Eltern führten auch meine Großeltern eine glückliche Ehe ... von meinen Vorfahren habe ich eine starke Naturverbundenheit geerbt. Es waren, soweit bekannt, überwiegend Handwerker, Bauern, Schäfer, Ackerbürger. In der Natur finde ich immer wieder Erholung und inneren Frieden."

Gefangenschaft und Heimkehr
Johannes P. Hopfe

Die Zeit liegt schon lange zurück, aber noch immer bin ich dankbar für die Führung und die Segnungen, die ich vom Herrn erhalten hatte. Die letzten Kriegstage waren sehnsüchtig herbeigewünscht worden, und mit gebetsvollem Herzen bin ich aus allem Geschehen glücklich davongekommen, wenn auch nicht unverletzt.

In den Wirren der Nachkriegszeit und im Ringen der Siegermächte um die Beute geriet ich vierzehn Tage nach dem Waffenstillstand in amerikanische Gefangenschaft und nach einer weiteren Woche, welche wir in einem ehemaligen Arbeitslager verbrachten, wurden wir an den „Russen" ausgeliefert. Damit begann eine Odyssee, die mich und einige andere tausend Männer, ob Soldaten oder nicht, nach Russland nahe der sibirischen Grenze brachten.

In einem Waldlager, welches wir mit einigen deutschen Frauen und Mädchen teilen mussten, wurde ich bald mit anderen Kameraden zu einem kleinen Kommando von 60 Männern in ein anderes Lager verlegt. Es war eine Kleinstadt mit einem Erzbergwerk primitivster Art und kaum Sicherheit für das Leben der Menschen, die darin arbeiteten. Bald merkten wir, dass auch die wenige Bevölkerung, die es dort gab, zumeist aus Verbannten und Deportierten bestand.

So wurden wir zu Arbeiten in diesem Bergwerk unter Tage gebracht, und ohne Anleitung oder auch nur Hinweise auf Gefahrenstellen mussten wir die Steine, welche aus der Wand gesprengt wurden, mit einem Vorschlaghammer zerkleinern und zu tragbaren Brocken in Loren oder Schiebekarren verladen, die dann zu einer Rutsche gekarrt wurden. Diese Arbeit wurde auch von Frauen verrichtet.

So ist es nicht verwunderlich, dass ich mich immer mehr in meinen abendlichen Gebeten an den Herrn wandte, um am Morgen wieder genug Kraft zu haben, diese Arbeiten ausführen zu können. Denn die Nahrungsversorgung hing von der Erfüllung des vorgegebenen Solls ab. Meine größte Sorge erfüllte mich, indem ich immer wieder darüber nachdachte, so gut wie nur irgend möglich, mein Leben zu erhalten, denn zu Hause warteten meine Frau und mein Sohn, sowie meine Eltern, die alle nicht wussten, wo ich mich befand. Meine Eltern hatten schon einen Sohn verloren.

In dieser Zeit war ich dankbar, in meiner Jugend das Evangelium kennen gelernt zu haben und dass ich in einem Elternhaus aufgewachsen war, in welchem das tägliche Gebet eine große Rolle spielte. Obwohl ich nun schon seit mehr als acht Jahren Soldat war, hatte ich nie vergessen, dem Herrn zu danken für seine Güte, in der er mich erhalten hatte. Oftmals sehnte ich mich danach, wieder in der Geborgenheit einer Gemeinde zu leben. So verging die Hoffnung auf eine glückliche Heimkehr in der Ungewissheit des Kommenden.

Unter Tage waren wir mit einer Karbidlampe ausgerüstet, die uns für unsere Arbeit einen matten Schein gab und uns zeigte, wie sehr wir auf das kleine Licht angewiesen waren. So verrichteten wir tagaus und tagein unsere Arbeit und warteten auf das Arbeitsende. Die Arbeiten wurden an verschiedenen Stellen ausgeführt, ich wurde zwei Frauen zugeteilt, und wir hatten Steine zu zerkleinern. Eines Feierabends machten wir uns bereit, zum Aufzug zu laufen, als meine Karbidlampe verlosch und ich völlig im Dunkeln stand. Die beiden Frauen hatten es eilig, zum Aufzug zu kommen und deuteten mir an, da wir uns ja nicht sprachlich verständigen konnten, jemanden mit Karbid zu schicken. So wurde das Licht mit den verschwindenden Frauen immer kleiner, bis ich völlig im Dunkeln saß. Es war eine unheimliche Stille im Berg, und ich wusste nicht, ob mir Hilfe zuteil werden würde. So versuchte ich, rutschend und tastend, etwas vorwärts zu kommen. Ab und zu hörte ich mal ein Geräusch, aber es war dann wohl nur ein Knistern der Holzstempel oder das Tropfen von Wasser. Während ich so um mich griff und versuchte, näher zum Ausgang oder in diese Richtung zu kommen, vernahm ich eine innere Stimme, welche mich mahnte, sitzen zu bleiben, denn das hatten mir die beiden Frauen auch geboten. So blieb ich auf dem steinigen Boden hocken und sandte ein Stoßgebet zum Himmel. Ich betete um baldige Befreiung und auch um ein Wiedersehen mit meiner Frau und meinem Sohn, was ja in solch einer Situation am nächsten liegt. Ich verharrte lange Zeit in dieser Position und achtete auf jedes Geräusch, um mich zu orientieren. In solch einer Lage gingen mir viele Gedanken durch den Kopf, und um so dringender wurden meine Bitten. Endlich, nach langer Zeit hörte ich etwas, ein Licht in der Ferne und endlich Rufe, die ich schnell beantwortete, und Schritte klangen an mein Ohr. Das elektrische Licht am Helm des „Steigers", denn nur dieser hatte ein solches, leuchtete zu mir hin. Mit Entsetzen mussten wir beide feststellen, dass ich vor einem Loch saß, welches zirka zehn Meter tief auf die nächste Sohle gelangte und wohl mal zu einer Rutsche für das Gestein ausgebaut werden sollte. In diesem Augenblick wurde mir klar, wäre ich auch nur einen Schritt weitergegangen oder gerutscht, es hätte unweigerlich meinen Tod bedeutet.

Mit innerer Dankbarkeit gefüllt und mit neugefüllter Karbidlampe gingen mein Begleiter und ich zum Aufzug, um das Licht und die Herrlichkeit der göttlichen Schöpfung aufs Neue zu sehen.

Dieses Erlebnis bewog mich, mich noch näher an

den Herrn anzulehnen, und so suchte ich in der Lagerbibliothek nach guten Büchern in deutscher Sprache. Es gab einige alte Berliner Zeitungen, welche mich mit den Umständen des Nachkriegsdeutschlands bekannt machten und wohl mehr politischen Hintergrund hatten. Natürlich nahmen wir alles skeptisch auf. Ein Artikel interessierte mich sehr. Da stand in Großbuchstaben als Überschrift: „Mormonen, Religion und Aktien". Das für mich wohl interessanteste war, als ich las, dass die Kirche einen neuen Präsidenten hatte. Heber J. Grand war gestorben und sein Nachfolger war Georg Albert Smith. Mit Heber J. Grand waren wir Heilige in den Kriegs- und Vorkriegsjahren sehr vertraut, und nun hatte die Kirche einen neuen Präsidenten. Ich konnte etwas über ihn lesen. Wenn es irgend etwas Negatives gab, habe ich es sicher bald vergessen, oder es gab nichts, was ich nicht schon hundertmal gehört hätte. Wichtig war für mich, so weit in der Ferne zu wissen, es gab einen Propheten, der die Geschicke der Kirche lenkte, und ich war mit ihr verbunden durch diese Nachricht!

Der Vater im Himmel segnete mich während meiner dreijährigen Gefangenschaft und ich hörte viel auf seine Eingebungen, die mir auch Vorteile verschafften während der Zeit, in welcher wir oft menschenunwürdige Umstände inkauf zu nehmen hatten.

Jedoch die Zeit kam, und ich durfte mit dem ersten

Transport das Lager verlassen und die Heimkehr antreten. Auch dieses war vom Herrn weislich so vorgesehen, es würde wohl zu weit führen, davon noch zu berichten. Es war uns egal, dass der Transport anfänglich auf hochgeladenen Kohlewagen und später in Viehwaggons durchgeführt wurde, die Hauptsache war, wir kamen heim. So kehrte ich auf den Tag genau nach dreijähriger Gefangenschaft in die Stadt zurück, in welcher meine Frau und mein Sohn lebten.

Bei meiner Ankunft gab es wieder ein besonderes Erlebnis. Obwohl ich keine Möglichkeit hatte, meine Ankunft anzumelden, waren meine Frau und mein Sohn am Bahnhof, um mich abzuholen. Sie hatten noch nie einen Heimkehrertransport gesehen, wenngleich viele Leute zum Bahnhof gingen, um vielleicht etwas über den Verbleib von ihren Angehörigen zu erfahren. So verspürte meine Frau an diesem Tag den inneren Drang, zu gehen und sich so ein trauriges Schauspiel anzusehen. Das Wunder war, ich kam durch die Sperre und sah meine Frau und meinen Sohn, welcher in der Vorhalle herumsprang und erst gerufen werden musste. Die Freude war überwältigend und die umstehenden Passanten konnten dieses Erlebnis nicht fassen. „Zum ersten Mal zum Bahnhof, und die Frau bringt ihren Mann mit", hörte man in unserer Straße, „und wie oft laufen wir?" Ich war zu Hause bei meiner Familie!

Wir schrieben das Jahr 1948 und meine nächsten Gedanken waren gewesen, dem Herrn zu danken und baldmöglichst wieder in den Reihen von Mitgliedern der Kirche zu sein. So suchte ich schon bald die Gemeinde in der Nachbarschaft auf, welche sehr klein war und ihre Versammlungen in einer Schule hielt. Ich war etwas erschrocken, denn vor dem Krieg in meiner Heimat, war ich gewohnt, in großen und gut organisierten Gemeinden zu wohnen, wo ich selbst auch bis zu meinem Soldatwerden in der Kirche Aufgaben wahrnahm. Die Kriegsjahre hinderten mich, im Priestertum Fortschritte zu machen, aber schon bald, nachdem ich mich in der neuen Umgebung eingelebt hatte, wurde ich zum Priester ordiniert und nach einem weiteren Vierteljahr zum Gemeindepräsidenten berufen. Wieder drei Monate später erhielt ich das Melchisedekische Priestertum und wurde zum Ältesten von Jean Wunderlich, dem damaligen Missionspräsidenten, ordiniert. Obwohl ich nicht „am Ort" wohnte, bemühte ich mich so viel wie möglich die Gemeinde aufzubauen.

Es gab in der Nachkriegszeit viele Taufen. Einige Mitglieder blieben treu, viele andere dachten nur an die Unterstützung, die uns die Heiligen aus Amerika zuteil werden ließen und gingen bald danach ihren alten Weg weiter. Die treuen Mitglieder brachten viele Opfer in dieser Zeit, und die Gemeinden im Distrikt wuchsen anfangs sehr gut. Viele packte bald das Auswanderfieber, da das zerstörte Deutschland ihnen keine Heimat mehr bieten konnte, oder viele ihr Hab und Gut verloren hatten. Das nächstliegende war, dass die Mitglieder gleich versuchten, einen neuen Anfang in Utah zu machen. Die Einwanderungsbedingungen waren zu jener Zeit auch nicht schwer. So kam es, dass in den Jahren 1950 bis 1960 viele gute Geschwister ihre Gemeinden verließen und einen neuen Anfang in Amerika suchten. Die Gemeinden wurden dadurch sehr geschwächt. Fast jeder wurde in dieser Zeit mit dem Auswanderungsproblem konfrontiert. Auch meine Frau und ich mussten uns dieser Entscheidung unterwerfen. Wir wohnten noch bei meinen Schwiegereltern im Haus, und das Problem der Wohnungssuche war fast nicht zu beheben. Viele Menschen verließen auch die besetzten Ostgebiete, und für diese wurde zuerst gesorgt. Mit ihnen kamen auch wieder neue Mitglieder zu den verwaisten Gemeinden, und der Aufstieg begann wieder. Die Missionen in Deutschland wurden schon bald nach dem Krieg neu geordnet und viele Missionare trafen ein. Die meisten Heiligen versammelten sich in Schulen oder öffentlichen Institutionen. Erst nach und nach fing man an, die zerstörten und ausgebombten Häuser aufzubauen und hier und da auch Versammlungsräume zu schaffen.

So war auch in unserer Gemeinde das Bedürfnis groß, heraus aus der Schule und wieder das ehemalige „Lokal" aufzubauen. Alle Arbeiten wurden freiwillig und selbständig ausgeführt, oft mit den primitivsten Mitteln an Handwerkszeug. Ich erinnere mich an einen Bruder, welcher mit dem Taschenmesser die verzogenen Fensterrahmen richtete. Alle Teile, die benötigt wurden, kamen aus alten abzureißenden Ruinen. Es war eine Zeit der Begeisterung und Hilfsbereitschaft. Alte Schwestern, die selbst nur das Notwendigste zum Leben hatten, versorgten die Brüder „am Bau". Die Gemeinde erhielt zu dieser Zeit die ersten deutschen Missionare, welche auch gleich zur Arbeit eingesetzt wurden. Nach elf Monaten konnten wir unsere Räume beziehen. Soweit mir von der Missionsleitung berichtet wurde, war es das erste wiederhergestellte Versammlungshaus in der Mission.

Von Herzen bin ich meinen Eltern dankbar, dass sie die Wahrheiten des Evangeliums kurz nach dem ersten Weltkrieg erkannt haben und uns Kinder, wir waren vier, darin erzogen haben. Wir haben die vorgeschriebenen Wege nicht verlassen. Nachdem ich meinen achten Geburtstag hatte, war ich glücklich, gleich meinen Eltern und älteren Geschwistern, den Bund der Taufe zu schließen.

JOHANNES P. HOPFE, 1918 im Erzgebirge geboren, wuchs als Sohn eines Reichsbahnoberinspektors in Sachsen auf. Im Alter von acht Jahren wurde er durch die Taufe Mitglied der Kirche Jesu Christi der Heiligen der Letzten Tage. Nach dem Schulabschluss erlernte er das Handwerk des Bäckers und Konditors. Später war er jedoch in der Industrie als Eisenbahntransportleiter tätig. Aus seiner Ehe gingen zwei Kinder hervor.

In der Kirche hatte er viele Führungspositionen inne und begeisterte durch sein Talent in der Schauspielerei so manche Unterhaltung. Seit 1976 ist er Patriarch des Pfahles Düsseldorf.

Ob Gott mich kannte?

Erich Konietz

Ich wohnte mit meinen Eltern in einem kleinen masurischen Dorf in Ostpreußen. Wie die meisten Kinder war ich sehr lebhaft und mit vierzehn oder fünfzehn Jahren wohl auch etwas schwierig. Es war Nachkriegszeit und sehr unruhig. Meine Mutter hatte wahrscheinlich viel Sorgen mit mir, was sie bewog, für mich zu beten. Meine Eltern waren evangelisch und sehr gläubig. Eines Tages erzählte mir Mutter von ihrem Erlebnis. Nachdem sie abends für mich und ihre Töchter gebetet hatte, hatte sie in der Nacht einen Traum. Sie sah, dass das Zimmer hell wurde und vor ihr stand eine Person in weißen Kleidern und sagte: „Weine nicht, du sollst nicht weinen." Meine Mutter sagte, das habe ihr ein sehr gutes Gefühl gegeben, und sie empfand Trost und Hoffnung. Wenn ich heute an diese Zeit zurückdenken und meinen Lebenslauf betrachte, so komme ich zu der Überzeugung, dass der Herr wusste, dass ich das Evangelium annehmen würde. Ich bin jetzt (1984) 37 Jahre Mitglied der Kirche. In dieser Zeit habe ich über zwei Jahrzehnte als Gemeindepräsident und Bischof gedient.

Ungefähr mit fünfzehn Jahren begann ich, die Lehre der Kirche zu untersuchen. In Selbongen, wo ich wohnte, gab es eine Gemeinde der Kirche Jesu

Christi der Heiligen der Letzten Tage. Die Mitglieder hatten ein eigenes Gemeindehaus, wo ich als Kind mit meiner Schwester Erna öfter hinging. Als wir älter wurden, hatten wir andere Interessen und gingen nicht mehr zur Kirche. Eines Tages, es war im Winter, kam meine Schwester nach Hause und erzählte mir: „Weißt du, ich war heute mit einem Freund bei den Mormonen. Es hat mir sehr gut gefallen." Ich war darüber nicht sehr erbaut und sagte zu ihr: „Da hast du dir ja wieder was ausgedacht. Ich werde dir beweisen, dass die Evangelische Kirche richtig ist."

Diese sehr kurze Unterhaltung war ein Wendepunkt in meinem Leben. Ich fing an, die Heilige Schrift zu lesen. Mit dem ersten Buch Moses angefangen, las ich ein Kapitel nach dem anderen, ja bloß kein Wort auslassend, und mit dem Wunsch, etwas zu finden, was mir einen Anhaltspunkt geben würde zu sagen, ich hätte etwas gefunden, was bewiese, dass die Mormonenkirche nicht richtig sein könne. Als ich die vier Bücher Moses durchgelesen hatte, hatte ich noch nichts gefunden, was die Unrichtigkeit der Mormonenkirche bestätigt hätte.

Das Gesetz Moses und das Buch Josua haben einen besonderen Eindruck auf mich gemacht. Nach und nach gewann ich die Überzeugung, dass die Mormonen, soweit mir damals ihre Lehre bekannt war, der Bibel doch sehr nahe stehen. Nun verspürte ich den heißen Wunsch, mehr über Gott zu erfahren; auch wollte ich schon nichts mehr beweisen, nur wissen. Ich glaubte an Gott und hatte schon zu jener Zeit Gebete erhört bekommen. Zuerst betete ich immer das Vaterunser (wie in der Evangelischen Kirche), danach sagte ich meinem Vater im Himmel, was ich von ihm wünschte. Mein Vertrauen zu Gott war groß und ich wusste, er würde mir die Wahrheit zeigen. Ich bemühte mich, mehr zu studieren und entwickelte eine Liebe zu den Lehren der Bibel. So kam der erste Sonntag, wo ich in die Sonntagsschule ging. Bruder Michael Fischer lehrte über die erste Missionsreise des Apostels Paulus. Weil ich schon die Schrift etwas kannte, konnte ich eine Frage mit sehr gut beantworten. Ich war so froh und glücklich darüber, dass ich mir für den nächsten Sonntag einen Leitfaden von den Mitgliedern besorgte und mich auf das Thema gründlich vorbereitete. So konnte ich daraufhin viele Fragen beantworten. Später erfuhr ich, dass die Brüder und Schwestern in der Gemeinde viel Mühe damit hatten, meine Neugierde zu befriedigen.

Eines Abends lag ich im Bett und konnte nicht einschlafen. Von Kind auf hatte ich ein Ohrenleiden. An diesem Abend waren die Schmerzen besonders stark; auch gab es zu der Zeit keine Medikamente. Weil ich nicht schlafen konnte, hatte ich viel Zeit zum Nachdenken. Ich hatte schon viele Bücher der Kirche gelesen, worin Mitglieder durch Gebet und Segnung von ihren Schmerzen befreit wurden. Nun, dachte ich, warum sollte Gott dir nicht helfen? So wuchs der Wunsch in mir, den Herrn um Hilfe zu bitten. Zu der Zeit wusste ich noch nicht, welche Kirche die richtige ist. Die Evangelische Kirche, der ich angehörte, hatte ich schon gehörig angezweifelt; aber von der Kirche Jesu Christi der Heiligen der Letzten Tage, die ich untersuchte, hatte ich noch kein Zeugnis. So lag ich da und überlegte. Plötzlich hatte ich ein seltsames Gefühl, so als ob ich mich an etwas, was ich schon lange vergessen hatte, erinnerte, was nun in neuem Glanz erschien. Dann wusste ich es ganz deutlich: ich musste Gott bitten, mir zu helfen, die Wahrheit zu finden. Auch war ich bereit, die Antwort mit ganzem Herzen anzunehmen. Es war mir gleich, ob sie für oder gegen die Evangelische Kirche ausfiel. In diesem Moment war für mich nichts so wichtig, wie die Wahrheit. Ich vertraute so sehr auf Gottes Hilfe, dass ich nicht anders konnte, als ihn zu fragen. Ich rief den Herrn an und sagte: „Oh Herr, wenn die Kirche Jesu Christi der Heiligen der Letzten Tage die einzig wahre Kirche ist, so lasse diese Schmerzen aufhören." Kaum hatte ich diese Worte ausgesprochen, da waren alle Schmerzen weg. Es übermannte mich ein Gefühl, welches man nicht in Worte formen kann. Nicht das Wegbleiben der Schmerzen war so überzeugend, sondern das herrliche Gefühl, das ich hatte. Es schien mir, als ob ich in der Nähe eines himmlischen Wesens sei. Seit diesem Erlebnis war mir klar, dass die Kirche Jesu Christi der Heiligen der Letzten Tage die einzig wahre Kirche ist. Ja, die Klarheit des Zeugnisses, das ich empfangen hatte, war unmissverständlich. Ich wusste: Es kam von Gott. Jetzt war ich bereit, alles für die Kirche zu tun; sogar der Tod konnte mich nicht davon abbringen.

So wurde ich am 18. Mai 1947 in Lisunen in einem von Wald umgebenen See getauft. Es war ein Sonntag, an dem es für diese Jahreszeit sehr warm war. Es bestand unter diesen Umständen immer die Gefahr eines plötzlichen Waldbrandes, alle Bürger waren verpflichtet, dann Hilfe zu leisten. Als wir an diesem Sonntag gerade auf dem Weg zur Taufe waren, kam der Bürgermeister gelaufen und rief, dass der Wald brenne. Mein Freund, der ein Mormone war, stand neben mir, ebenso meine Mutter und meine Schwester. Wir wussten nicht, ob wir zur Taufe gehen, oder dem Gesetz des Landes gehorchen sollten. Meine Mutter, die damals noch kein Mitglied der Kirche war, stellte sich zwischen den Bürgermeister und mich und sagte mit ganz bestimmter Stimme: „Heute geht er nicht." Es entfachte sich ein Wortstreit, der aber nur ganz kurz dauerte, denn mein Freund Helmut Morders und ich nutzten die Gelegenheit und schlichen uns fort. Als der Bürgermeister sah, dass wir weg waren, hatte es keinen Zweck mehr für ihn, sich mit meiner Mutter auseinanderzusetzen. Wir liefen auf Umwegen über die Felder zur Taufstelle. Dort hatte die Taufversammlung schon begonnen. Ich zog mich schnell um und wurde von Bruder Michael Fischer getauft. Am Abend erfuhren wir dann, dass es gar keinen Waldbrand gegeben hatte.

Ich studierte fleißig die Schriften der Kirche, alle Bücher, die ich unter diesen Umständen von Mitgliedern erhalten konnte: *Das Buch Mormon, Lehre und Bündnisse, Die köstliche Perle, Lehren des Propheten Joseph Smith, Der Weg zur Vollkommenheit* und viele andere Bücher und alte Ausgaben der Zeitschrift *Der Stern*. Oftmals musste ich mich verstecken, um ungestört lesen zu können. Mir war das Evangelium so klar, dass mir alles Gelesene als eine große Wahrheit erschien. Wenn ich über Gesetze und Gebote las, so waren sie für mich von der Zeit an bindend: das Gesetz der Reinheit, das Wort der Weisheit, das Gesetz des Zehnten etc. Ich fragte in der Gemeinde, wer den Zehnten entgegennehme. Mir wurde gesagt, dass es der Gemeindepräsident tue. Zur selben Zeit wurden kritische Stimmen laut, die sagten, der Gemeindepräsident könne ja den Zehnten nicht zur Verwaltung der Kirche abschicken, weil zu der Zeit keine Verbindung zum Hauptsitz der Kirche bestand. Für mich war das kein Argument, den Zehnten nicht zu zahlen. Ich sagte den Leuten, was der Gemeindepräsident mit dem Zehnten mache, das sei seine Sache, es sei aber meine Pflicht, den Zehnten zu bezahlen.

*

Die Zeiten fingen an, sich zu normalisieren, trotzdem war das Leben schwer. Ich arbeitete schwer für den Unterhalt meiner Mutter und meiner Schwester. Mein Vater war vom Krieg nicht zurückgekommen. Wir mussten den Pflug auf dem Felde selber ziehen und das Holz für den Winter mit dem Handkarren aus einem fünf Kilometer entfernten Wald holen. Es war ein kleiner Wald, der an den Friedhof grenzte. Ich war fast verzweifelt über das Holzfahren und die schwere Arbeit. Eines Tages kniete ich mich hinter einem großen Baum nieder und bat den Herrn inniglich, mich geistig und körperlich zu stärken, um diese Arbeit leisten zu können. Ich weiß nicht, wie lange ich gebetet habe, aber ich sagte Gott alles, was mir auf dem Herzen lag. Plötzlich hörte ich eine Stimme. Ich weiß nicht, ob ich sie mit den geistigen oder den leiblichen Ohren gehört habe, aber ich hörte eine Stimme ganz deutlich sagen: „Von nun an wirst du dein Holz nicht mehr mit dem Handkarren zu fahren brauchen." Und so war es auch. Wir bekamen einen Nachbarn, der zwei Pferde hatte, so halfen wir uns gegenseitig.

*

Gleich nach dem Kriege haben sich in den Wäldern Jugendbanden gebildet, die gegen die Polen rebellierten. Eines Tages wurde ich angesprochen: „Erich, du wirst dich entscheiden müssen, wir wollen, dass du zu uns kommst. Du kannst es dir überlegen." Für mich würde das Abstand von der Kirche bedeuten. Die Lage war schwierig, aber als die Bedenkzeit zu Ende war, entschied ich mich, nicht zu gehen. Ich wollte bei der Kirche bleiben, egal was da komme; ich wusste, der Herr würde mir helfen. Nach kurzer Zeit schickte die Regierung Soldaten in unser Dorf und die Umgebung. Alle Mitglieder dieser Bande wurde gefangen und ins Gefängnis gesteckt. So blieb ich durch meine Treue zum Evangelium verschont.

*

1954 kam ich vom Militärdienst nach Hause. Mein Selbstvertrauen war stärker geworden. Mein Freund und ich wurden beauftragt, nach Pommern zu fahren, um Kontakt zu Mitgliedern aufzunehmen, die dort wohnten. Wir waren erstaunt, dort drei wunderbare Familie zu finden: Geschwister Porozynski, Staubach und Iwaszkiewicz. Im Laufe der Zeit haben wir dort

Versammlungen abgehalten. Kinder gesegnet, Krankensegnungen und Taufen vollzogen.

Ein Ereignis ist wert zu erwähnen. Zu einer Gemeindekonferenz in Selbongen waren alle Mitglieder aus ganz Polen angereist. Wir haben unsere Wohnungen den älteren Geschwistern zur Verfügung gestellt und schliefen selbst auf dem Heuschober. Die Familie Porozynski war auch gekommen. Ihr damals ungefähr fünfzehn Jahre alter Sohn ging allen Warnungen zum Trotz baden und ist dabei ertrunken. Als wir an der Unfallstelle ankamen, hatte man schon die Suche nach der Leiche aufgegeben. Wir versuchten nochmals, die Leiche zu finden - vergebens. Dann nahmen wir ein Fischerboot und ein Netz, das man zum Fischefangen verwendet. Durch ein geschicktes Handhaben des Netzes konnten wir nach kurzer Zeit die Leiche ans Land ziehen. Es war ein erschütterndes Erlebnis. Die Mutter konnte unsere Arbeit vom Fenster aus sehen. Als sie sah, dass wir ihren Sohn gefunden hatten, ist sie schnell zum See gelaufen und sich dabei so am Fuß verletzt, dass sie große Schmerzen hatte. Die Schmerzen hörten auch am Abend nicht auf. Ärzte gab es damals so wenig. Sie hat sehr gelitten. Nachts wurden wir auf unserem Heuboden geweckt und zur Schwester Porozynski gerufen, um einen Krankensegen zu geben. Nach der Krankensegnung ließen die Schmerzen nach, und am nächsten Tag kam sie zu uns in das Gemeindehaus, wo wir mit den Vorbereitungen zur Gemeindekonferenz beschäftigt waren. Alle waren sehr froh über ihre schnelle Genesung. Ihr Sohn wurde dann auf dem Friedhof in Selbongen beigesetzt.

*

Im Oktober 1958 wurde ich Gemeindepräsident in Selbongen. Wir hatten jahrelang keine Verbindung mit der übrigen Kirche. Bruder Werner Ranglack, der die Verbindung zwischen der Berliner Mission und uns aufrecht gehalten hatte, war nach Amerika ausgewandert. Ich schrieb viele Briefe an Bekannte und versuchte so, Verbindung zum Hauptsitz der Kirche zu bekommen. Die Polen haben es nicht gern gesehen, dass wir Kontakt nach West-Berlin hatten. Daraufhin wurden wir der schweizerischen Mission angegliedert. Danach bekamen wir auch gleich Besuch aus der Schweiz. Der erste Missionspräsident war Bruder Erekson, der uns mit seiner Frau besuchte. Er brachte uns sehr viel Lehrmaterial mit, was wir gut gebrauchen konnten. Er kam ganz plötzlich. Meine Frau und ich gingen von der Arbeit nach Hause, ein kleiner VW hielt neben uns an, und ein Mann fragte in deutscher Sprache, wo die Familie Konietz wohne. Ich sagte, dass ich Herr Konietz sei, worauf er sich als der Missionspräsident aus der Schweiz vorstellte. Unsere

Freude war sehr groß, wir konnten es kaum fassen. Gemeinsam haben sie alle Geschwister in Polen besucht. Später wurde Bruder Mabey Präsident der Schweizer Mission. Er besuchte uns ebenfalls mit seiner Gattin. Bei der Gelegenheit wurden wieder alle Geschwister besucht. Im September 1967 besuchten uns zu einer Gemeindekonferenz Präsident Mabey mit Gattin und Apostel Hunter mit Gattin. Sie blieben drei Tage bei uns. Wir haben alle Ansprachen auf Tonband aufgenommen und kamen danach öfters als Gemeinde abends zusammen, um es nochmals anzuhören. Präsident Mabey fragte mich und meine Frau, ob wir nicht in den Tempel fahren wollten. Wir waren sehr froh über dieses Angebot, obwohl wir keine Ahnung vom Tempel und den Vorbereitungen dafür hatten. Nach viel Mühe mit der Behörde sind wir dann in die Schweiz geflogen und am 5. Juni 1968 im Schweizer Tempel für alle Ewigkeit gesiegelt worden. Dies ist ein Zeugnis für mich: Wenn wir die Gebote Gottes halten, wird der Herr für uns sorgen. So war es auch mit uns. Durch die Arbeit seiner Diener wurde uns die Möglichkeit gegeben, selbst von einem kommunistischen Land aus an allen Segnungen der Kirche teilzuhaben.

*

Meine Mutter und mein ältester Sohn Folkhard waren an Grippe erkrankt. Beide standen zu früh auf und verschlimmerten die Krankheit dadurch. Meine Frau sorgte sich, weil das Fieber sehr gestiegen war. Als es abends nicht mehr besser wurde, segnete ich Folkhard und ging auch gleich zu meiner Mutter, die am anderen Ende des Dorfes wohnte. Unterwegs ließ ich mich in kein Gespräch mit anderen Menschen ein, der Geist des Herrn trieb mich an, dies zu tun; ich spürte ihn und wollte ihn nicht verlieren, bis ich auch meine Mutter gesegnet hatte. Sie war sehr froh darüber. Am nächsten Tag waren beide gesund.

*

Norbert ist mein dritter Sohn. Er war ungefähr drei Jahre alt und spielte auf dem Hof. Plötzlich fiel er um und lag da wie tot. Meine Frau, die zu der Zeit auch auf dem Hof war, fing an zu schreien, dass Norbert tot sei. Sie nahm ihn auf den Arm und kam mit ihm ins Zimmer. Sie weinte sehr und zitterte, auch meine Hände fingen an zu zittern, der Schreck war fast lähmend. Sie fragte mich, ob ich ihn segnen könne; ich holte Öl und während sie ihn noch immer auf den Armen hielt, segnete ich ihn. Noch bevor ich den Segen beendet hatte, atmete er tief durch, schlug seine Augen auf und fing an zu weinen. Wir dankten Gott für seinen Segen. Am nächsten Tag fuhr meine Frau mit ihm zum entfernt wohnenden Arzt. Nach der Untersuchung sagte er, der Junge sei völlig gesund.

Wir denken heute vielleicht oft, uns könnten nur die Ärzte helfen. Doch zu einer Zeit, wo keine Ärzte in der Nähe sind, entwickeln die Menschen einen stärkeren Glauben, und dann kann Gott uns helfen, wie er es verheißen hat.

ERICH KONIETZ lebt heute in Hamm, wo er seit 1976 als Bischof amtiert. Seinem erlernten Beruf als Schlosser geht er auch heute nach. Aus seiner Ehe gingen vier Söhne und eine Tochter hervor. 1930 in Ostpreußen geboren und aufgewachsen, siedelte er 1971 in die Bundesrepublik Deutschland über.

"... die Augen des Herrn haben auf dich gesehen ..."

Rudolf W. Neideck

Blicke ich auf mein Leben zurück, dann erkenne ich in so manchen Situationen die Hand des Herrn. Er hat mich bereits geführt und beschützt, als ich noch nicht der Kirche Jesu Christi der Heiligen der Letzten Tage angehörte. Doch ist mir dies erst zum Bewusstsein gekommen, seit ich in der Kirche bin. In meinem Patriarchalischen Segen steht: „... die Augen des Herrn haben auf dich gesehen, als du noch unbereitet warst. Durch deine Freude und deinen Gehorsam in der vorigen Welt hat der Vater im Himmel dich ausersehen, um dich in dieser einer so wichtigen Zeit der Wiederherstellung des Evangeliums, auf Erden kommen zu lassen, um beim Aufbau des Reiches Gottes mitzuwirken." Die folgenden Zeilen bestätigen, dass es sich wirklich so zugetragen hat.

In einem landläufig christlichen Elternhaus geboren, habe ich als uneheliches Kind viele Jahre im Waisenhaus zugebracht, dort wie auch in der Familie, habe ich gelernt, Ungerechtigkeiten zu ertragen. Indessen fühlte ich beim Gedanken an unseren Erlöser tiefste Geborgenheit und liebte die Evangelien im Neuen Testament, die so viel von ihm berichten. Die Furie des Krieges erlebte ich in meiner Heimatstadt

Leipzig in Form sich steigernder Luftangriffe. Als Zehn- bis Fünfzehnjähriger war ich den Einflüssen ideologischer Art des Dritten Reiches ausgesetzt. Dennoch konnte ich keinen Hass empfinden in all dem grauenhaften Geschehen. In diese Zeit fielen zwei Ereignisse, die mir später erst bedeutungsvoll geworden sind. Bei einem schweren Luftangriff wurde das Haus, in dem wir wohnten, von einem heftigen Knall erschüttert, dass die Pfeiler in den Kellern schwankten. Kurze Zeit später konnten wir vor dem Haus auf dem Bürgersteig einen flachen Krater entdecken, mit einer mehrere Zentner schweren Bombe, die zwar beschädigt, doch nicht explodiert war. Eine Explosion hätte unser aller Tod bedeutet. Eine weitere sichtbare Bewahrung wurde mir dadurch zuteil, dass ich infolge eines Unterschenkelbruchs nicht zur Wache eingeteilt werden konnte in meiner Schule. Diese wurde von Bomben schwer beschädigt, meine eingesetzten drei oder vier Schulkameraden kamen um. Ein weiteres Erlebnis, bei dem der Herr mich schützte, hatte ich als Zehnjähriger, als ich von einem fahrenden Wagen direkt zwischen die Hinterhufe eines scheuenden Pferdes fiel. Wie durch ein Wunder rappelte ich mich wieder hoch, unverletzt, Pferd und Wagen standen völlig still. In den Wirren der Nachkriegszeit wurde ich beinahe von einem Mann erschlagen, den Hammer hatte er schon hochgeschwungen. Später wollte mich jemand mit einer Flasche erschlagen. In den fünfziger Jahren, ohne Arbeit, verdingte ich mich auf einem Bauernhof und lernte dort einige landwirtschaftliche Fertigkeiten. Eines Tages befand ich mich allein in der Scheune, um Holz mit einer Kreissäge zu sägen. Plötzlich gab es einen Ruck, und ich geriet mit meiner rechten Hand in das Sägeblatt; der Daumen war vollständig abgetrennt. Wie eine Fontäne schoss ein Blutstrahl aus der Wunde. Ich konnte mich noch selbst zu einer nahen Erste Hilfe Station retten und veranlassen, dass von dort jemand auf den Hof eilte, um die Maschine abzustellen, da auf dem Hof ein fünfjähriges Mädchen spielte.

Mein Gefühl für religiöse Dinge führte mich siebzehnjährig zu den Baptisten, später zur Information in die Pfingstgemeinde und zu den Zeugen Jehovas, sowie zu den Menschenfreunden, der Anthroposophischen Gesellschaft. In der Pfingstgemeinde lernte ich die Aktivitäten der unsauberen Geister kennen und wurde selbst von ihnen ergriffen. 1958 kam ich dann das erste Mal durch meine Frau mit Missionaren der Kirche zusammen. Meine Frau war um etliche Jahre älter, Verfolgte des Naziregimes und hatte eine kleine Tochter. Nach dem ersten Kontakt mit den Missionaren wurde ich sehr zornig wegen deren Lehre von einem körperlichen Gott. So war meine Frau diejenige, die den Anstoß gab, die Gemeinde in Coburg einmal aufzusuchen. Sie war klein, aber was ich dort hörte, faszinierte mich sofort: ewige Ehe und Tempel. Dies ließ mich nicht mehr los, ich las in einem geborgten *Buch Mormon* im ersten Kapitel die Worte: „Ich, Nephi, stamme von guten Eltern ..." Ich wusste sofort, dass das Buch wahr ist. Zweimal kam der Geist des Herrn über mich als ein Zeugnis, mich taufen zu lassen. So ging ich zum Gemeindepräsidenten und trug ihm mein Anliegen vor. Ich wurde am 22.10.1958 getauft. Was dann folgte, erforderte meine ganze physische und psychische Kraft. Meine Frau, bisher loyal zur Kirche, fing an, sie zu verfluchen. Mit Anfeindungen und Verleumdungen unbeschreiblicher Art musste ich durch ein langes finsteres Tal. Es dauerte Monate. Indes wurde auch die Gemeinde angegriffen. Ich verließ meinen Platz nicht, zumal die Priestertumsführer in der Gemeinde wirklich in dieser Phase der Prüfungen vom Geist geleitet waren und mich segneten. Schließlich gab es nur einen Ausweg: Ich musste mich von meiner Frau trennen, auch um ihretwillen. Eines Sonntags, ich kam von der Versammlung, wurde sie von einem bösen Geist ergriffen und schrie: „Ich vertrage deinen Geist nicht mehr!" Dann stürzte sie ohnmächtig zu Boden. Ich nahm Unrecht auf mich, der einzige Weg vor Gericht (damals) aus Glaubensgründen geschieden zu werden. Ich war sicher, dass der Herr weiterhelfen würde. Ich zog aus einer schönen Wohnung nur mit einem Rucksack und den wenigen Habseligkeiten in eine Dachkammer bei einem alten Ehepaar. Mein Inneres war ohne Hass und von der Vision einer ewigen Familie erfüllt, wie ich es das erste Mal bei meinem ersten Besuch in der Gemeinde gehört hatte. Dazu hatte ich ein Zeugnis, dass der Herr auch mir zu dieser Segnung verhelfen würde. Etwa eineinhalb Jahre später heiratete ich eine dynamische junge Frau. Wir fingen gemeinsam an, unser Glück aufzubauen, mit Geist und mit Händen. Unser Glaube an Gott wuchs und ist zu einem unerschütterlichen Zeugnis geworden. Als wir unseren Patriarchalischen Segen erhielten, sagte der Patriarch zu meiner Frau: „Es ist kein Zufall, dass Sie Ihren Mann kennen gelernt haben ..."

RUDOLF W. NEIDECK ist ein tätiges Mitglied der Kirche, das viele Berufungen in der Gemeinde und im Pfahl inne hatte. 1930 in Leipzig geboren, führte ihn sein Weg schließlich nach Rheinland-Pfalz. Aus seiner Ehe gingen vier Söhne und zwei Töchter hervor. Er arbeitet als kaufmännischer Angestellter.

Antwort vom Herrn
Heinrich Stilger

Es war im Oktober 1965, als zwei junge Männer in Frankfurt an meine Tür klopften. Sie stellten sich als Mitglieder der Kirche Jesu Christi der Heiligen der Letzten Tage vor und fragten, ob sie mit mir über die Lehre der Kirche sprechen könnten.

Zuerst wollte ich nicht mit ihnen sprechen, weil ich gerade am Tage zuvor mit Leuten einer anderen Kirche lange Diskussionen gehabt hatte, die ich als intellektuelles Ränkespiel empfunden hatte. Aber irgend etwas trieb mich dazu, diese jungen Burschen anzuhören. Ich kann das Gefühl, das ich hatte, nicht erklären. Es war wie so eine Art Funkübertragung, durch die ich erfuhr, dass ich den Worten zuhören sollte. So lud ich sie ein und hörte ihnen zu, als sie freundlich und einfach einige Lehren ihrer Kirche darlegten. Weil ihre Grundsätze entschieden anders aber logisch waren, stimmte ich einer weiteren Verabredung zu, wo sie fortfahren würden, mir die Lehre der Kirche zu erläutern.

Unglücklicherweise musste ich noch vor unserem nächsten Treffen plötzlich ins Krankenhaus eingeliefert werden. Ich glaubte, damit sei das Ende meiner Diskussionen gekommen. Doch sie besuchten mich im Krankenhaus und setzten dort die Belehrungen fort. Ich war sehr beeindruckt von der Hingabe, mit der die jungen Männer von der wiederhergestellten Kirche sprachen, und so dauerte es nicht lange, bis ich ihnen zustimmte und wir ein Datum für meine Taufe festsetzten.

Als das Taufdatum näherrückte, bekam ich jedoch Zweifel, ob ich mich auch wirklich taufen lassen sollte. Ich war immer ein starker Raucher gewesen, wie viele Deutsche. Ich erfreute mich auch an den Weinen und Bieren unseres Landes. So kam ich zu der Meinung, dass es sehr schwer sei, nach dem Wort der Weisheit zu leben. Und ich war auch nicht vom Zehnten überzeugt. Deshalb sagte ich meine Taufe ab und vertröstete die Missionare, wann immer sie auf ein anderes Taufdatum zu sprechen kamen. Meine Frau wurde wie vereinbart getauft, doch ich entfernte mich mehr und mehr von der Kirche. Die Missionare gaben sich weiterhin Mühe mit mir, um zu erreichen, dass ich bald einem anderen Tauftermin zustimmen würde. Doch ich war nicht überzeugt davon, dass ich nach dem Wort der Weisheit leben könnte oder sollte.

Monate vergingen und ich sträubte mich gegen die Anstrengungen der Ältesten, mich in die Kirche zu bringen. Meine Frau schien einen neuen inneren Frieden gefunden zu haben. Ich wurde immer verwirrter und unglücklicher mit mir selbst, je mehr Zeit verging. Die Missionare hatten Geduld mit mir, aber sie wurden versetzt, ohne mich davon überzeugt zu haben, dass das Wort der Weisheit eine inspirierte Lehre sei.

Einige Zeit später besuchte mich ein anderer Ältester, der es verstand, in mir dasselbe Gefühl zu wecken, was ich anfangs bei den Missionaren gehabt hatte. Er belehrte mich langsam und führte mich zu den Evangeliumsgrundsätzen zurück. Eines Tages las ich bei einer Diskussion die Stelle in Johannes 16 Vers 23, wo Jesus sagt: „Amen, Amen, ich sage euch: was ihr vom Vater erbitten werdet, das wird er euch in meinem Namen geben."

Dieser junge Älteste riet mir dann, genau zu tun, was in der Schrift stand - zum Vater im Himmel zu beten und zu fragen, ob das Evangelium wahr ist. Weil ich wirklich die Wahrheit wissen wollte, akzeptierte ich den Rat des Ältesten, darüber zu beten. An jenem Abend kniete ich nieder und bat den himmlischen Vater um Vergebung und um Kenntnis über die Wahrhaftigkeit der Lehre der Kirche, besonders was das Wort der Weisheit und den Zehnten betraf. Ich betete in der Erwartung, eine Antwort zu erhalten, wie es in der Schrift stand - doch nichts geschah.

Ich brauchte aber eine Antwort und wusste, dass sie nur vom Herrn kommen konnte. Deshalb betete ich am nächsten Abend wieder und flehte den Herrn an, mir Kenntnis über die Wahrheit zu geben. Plötzlich erschien vor mir eine hellstrahlende Gestalt und sagte recht deutlich und mit sicherer Stimme: „Das Wort der Weisheit und der Zehnte sind Gebote Gottes." Ohne weiteren Kommentar verschwand die Erscheinung wieder.

Ich weiß nicht, wie ich diese Erscheinung wahrnahm, und ich kann sie mir immer noch nicht erklären, und es mag einige geben, die mich verspotten, wenn ich sage, dass ich einen Engel sah. Aber es war so - es war genauso sicher, wie dass der Prophet Joseph Smith den Engel Moroni sah. Ich zweifle nicht, dass ich von einem Boten des Herrn besucht wurde und dass das Wort der Weisheit und der Zehnte Gebote Gottes sind.

Nach dieser ergreifenden Erfahrung war es eine einfache Sache für mich, das Rauchen und das Trinken aufzugeben und die Missionare um eine Tauftermin zu bitten, den ich wahrnahm.

Aus dem Buch „Stories of Insight and Inspiration" zusammengestellt von Margie Calhoun Jensen, Copyright 1976 by Bookcraft, Inc., Salt Lake City, Utah, USA. Übersetzt mit Genehmigung. Der deutsche Text wurde vom Autor erneut überarbeitet.

ANTON HEINRICH STILGER wurde 1926 in Frankfurt am Main als Sohn eines Betriebsleiters geboren. Er er-

lernte das Handwerk des Maschinenschlossers und schulte später in den Bereich Druck und Papier um. Seit Jahren leitet er die Druckerei und Buchbinderei eines Verlages.

Dreimal Kriegsverwundet, gründete er nach der Gefangenschaft seine Familie, uns der drei Söhne hervorgingen. In der Kirche ist er stets aktiv gewesen und hatte viele Berufungen inne. Besonders der Jugend- und Sportbereich ist sein Tätigkeitsfeld.

Ein Paar Gummistiefel ...
Heinz Staubach

Im Januar des Jahres 1955 wurden wir von Mitgliedern der Glaubensgemeinschaft der Zeugen Jehovas regelmäßig besucht und belehrt. Wir wohnten damals in dem unter polnischer Verwaltung stehenden Teil Pommerns in der Nähe von Słupsk, früher Stolp. Da wir für Religion aufgeschlossen waren, interessierten wir uns sehr für die Lehren der Zeugen Jehovas. Ja wir fingen an zu glauben, dass sie das wahre Evangelium Jesu Christi lehrten.

Doch es sollte nicht dazu kommen, dass wir uns dieser Glaubensgemeinschaft anschlossen. Die Lebensbedingungen waren 1955 in Polen noch sehr durch Not und Elend gekennzeichnet. Ich arbeitete zwar als Müller in meinem erlernten Beruf in der einzigen Mühle weit und breit und war deshalb recht bekannt, hatte aber doch Mühe, den notwendigen Lebensunterhalt zusammenzubekommen. Lebensmittel und Textilien gab es nur in begrenzter Menge, und ein Verkaufskomitee bestimmte, wer etwas bekam. Ohne Beziehungen lief da wenig. Meistens sah es so aus, dass die Deutschen leer ausgingen. Eines Tages waren meine Frau und ihre Nichte im Geschäft, als der Leiter des Verkaufskomitees mitteilte, es seinen Gummistiefel eingetroffen. Er nannte auch gleich zwei Namen von Leuten, die je ein Paar erhalten sollten und fügte dann hinzu: „Frau Staubach bekommt auch ein Paar." Freudestrahlend kam meine Frau nach Hause und stellte dort bei der Anprobe fest, dass der eine Stiefel so drückte, dass es unmöglich war, darin zu laufen. Die Familie Porozynski hatte ebenfalls ein Paar Gummistiefel bekommen. In der Hoffnung, dort vielleicht den drückenden gegen einen passenden Stiefel tauschen zu können, suchte meine Frau die uns völlig unbekannten Porozynskis auf. Doch die Stiefel passten auch nicht, und so wurde nichts aus dem Tausch. Dafür lernte meine Frau eine sehr freundliche und aufgeschlossene Familie kennen. Nach diesem Besuch folgte eine Einladung, die wir sehr gerne annahmen. Aus dieser Bekanntschaft wurde eine Freundschaft, und wir hörten zum ersten Mal in unserem Leben etwas von den Mormonen. Es war etwas neues für uns, und unser Interesse wuchs von Tag zu Tag. Da es nur ein Exemplar des *Buches Mormon* gab, wurde es gemeinsam gelesen. Wir besuchten uns gegenseitig zwei bis dreimal die Woche. Langsam begriffen wir etwas vom wiederhergestellten Evangelium, wir begannen zu glauben. Porozynskis Aufgeschlossenheit und ihre Liebe, die sie uns entgegenbrachten, machten auf uns einen sehr großen Eindruck.

Da waren auch noch die Zeugen Jehovas. Sie besuchten uns auch immer noch regelmäßig. Wir wussten nicht, wer Recht hatte und wurden hin- und hergerissen. Trotz Studieren und Beten konnten wir uns nicht entscheiden.

Eines Tages fassten wir den Entschluss, Porozynskis und die Zeugen Jehovas gleichzeitig zu uns einzuladen. Beide kamen. Wir stellten einige Fragen wie zum Beispiel: Wie sieht der Erlösungsplan im Einzelnen aus? Wer ist Jehova? Spricht Gott heute noch zu den Menschen? Zu wem?

An jenem Tag fiel die Entscheidung. Wir hörten zu, was ein jeder zu sagen hatte und bekamen das sichere Gefühl, dass, wenn es eine wahre Kirche gäbe, es nur die Kirche Jesu Christi der Heiligen der Letzten Tage sein könne. Unsere Verbindung zu den Zeugen Jehovas brachen wir daraufhin ab.

Fleißig wurde weiter im *Buch Mormon* gelesen. Die Schriftstellen im 1. Nephi 22 Vers 25 fanden wir auf uns zutreffend: „Und er sammelt seine Kinder von den vier Enden der Erde; und er zählt seine Schafe, und sie kennen ihn; und es wird eine Herde sein und ein Hirte; und er wird seine Schafe weiden, und in ihm werden sie ihren Weidegrund finden." Wir trafen uns weiter regelmäßig mit der Familie Porozynski und studierten gemeinsam in den heiligen Schriften. Da es in unserer Umgebung keine Gemeinde der Kirche gab, versammelten wir uns jeden Sonntag und hielten eine Heimsonntagsschule ab. Die nächste Gemeinde war in Selbongen (Ostpreußen) und zirka dreihundert Kilometer von uns entfernt.

Im Juli 1955 war es dann soweit, alle Vorbereitungen waren getroffen, meine Frau und unser Sohn fuhren nach Selbongen und wurden getauft. Ich selber bin einen Monat später gefahren und wurde im 21. August 1955 in Selbongen getauft.

Die Religionsfreiheit war in Polen sehr begrenzt. Jeder, der nicht katholisch oder evangelisch war, war den Parteigenossen ein Dorn im Auge. Besonders schwer hatten es die Zeugen Jehovas; ihre Lehre war verboten und sie wurden auch verfolgt. Auch wir durften uns nicht offiziell versammeln. Die Kirche wurde zwar geduldet, war aber nicht anerkannt. Wenn ich mit meiner Frau und unseren drei Kindern die Familie Porozynski besuchte, um gemeinsam in der Schrift zu studieren, gingen wir mit einem zeitlichen Abstand nur zu zweit oder dritt dorthin, um Aufsehen zu vermeiden.

Nachdem wir fünf Monate Mitglied der Kirche waren, hatte man uns besonders unter Beobachtung. Eines Tages wurde in meinem Betrieb angerufen, ich solle zur Polizeiwache kommen. Zwei Beamte in Zivil empfingen mich dort. Es wurden Fragen über Fragen gestellt, die am Ende darauf hinausliefen, welcher Glaubensgemeinschaft ich angehörte. Meine ganze

Lebenseinstellung, meine Freizeit, Bekannte, Verwandte - alles interessierte sie. Es wurde mir bei dem Verhör klar, dass jedes Wort, das ich sagte, genau überlegt sein musste. Um die Sache kurz zu machen, ich spürte deutlich, dass der Herr mit mir war und dass nicht alles, was ich sagte, meine eigenen Worte waren. Als ich in diesem kalten ungeheizten Zimmer sitzen musste, kam mir die Schriftstelle in den Sinn, die wir in Lukas 12 Vers 11 bis 12 lesen: „Wenn man euch vor die Gerichte der Synagogen und vor die Herrscher und Machthaber schleppt, dann macht euch keine Sorgen, wie ihr euch verteidigen oder was ihr sagen sollt. Denn der Heilige Geist wird euch in der gleichen Stunde eingeben, was ihr sagen müsst." Es war ein Gefühl in meinem Herzen, wie ich es selten gehabt habe. Ich habe bei dieser Vernehmung mein Zeugnis geben können; die beiden Beamten haben sich nur angeschaut, keiner sagte ein Wort dazu.

Ein riesiges Protokoll wurde in polnisch geschrieben, welches ich unterschreiben sollte. Ich sagte, dass ich nicht unterschreiben würde, was ich nicht lesen könne. Nach langem hin und her sagte man mir, dass das Protokoll in deutsch übersetzt und mir erneut zur Unterschrift vorgelegt werden würde, was dann auch nach etwa vierzehn Tagen geschah. Die ganze Vernehmung hatte fünf Stunden gedauert. Meine Familie, die davon inzwischen auf Umwegen erfahren hatte, war schon in Sorge. Doch alles ging gut. Ich möchte abschließend bezeugen, dass ich weiß, dass der Herr lebt, und dass er Gebete erhört.

HEINZ STAUBACH wurde 1922 als Sohn eines Schmieds in Pommern geboren. Er ging in die Lehre und wurde Müller. Nach seiner Übersiedlung aus den unter polnischer Verwaltung stehenden Ostgebieten in die Bundesrepublik schulte er um und arbeitete bis zum Rentenalter als Schlosser und Schweißer. In der Kirche hatte er verschiedene verantwortungsvolle Aufgaben inne. So war er zehn Jahre Gemeindepräsident. Aus seiner Ehe mit Agatha Marquardt gingen vier Kinder hervor.

Gott lebt!
Johannes E. P. Kindt

Neun Monate vor ihrem Tode wurde meine erste Frau Frieda für eine Operation in eine private Klinik eingewiesen. Zuständig für operative Eingriffe war der Chefarzt des Krankenhauses, der aber nur am Sonntag Zeit hatte, in der Privatklinik zu operieren. Ich war an jenem Sonntag als Distriktspräsident nach Landsberg an der Warthe zu einer Gemeindekonferenz gefahren. Bei meiner Schlussbotschaft am Abend hatte ich folgendes Erlebnis:

Mitten in der Botschaft wurde ich innerlich gezwungen, mich umzuschauen. Rechts in der Ecke des Podiums sah ich meine Frau stehen. Sie war dort etwa zwei bis drei Minuten, dann war sie wieder weg. Ich gab meine Botschaft zu Ende. Am Schluss des Gottesdienstes kamen alle Anwesenden zu mir ans Podium und fragten, ob ich eine Vision gehabt hätte. Auf meine einfache Antwort, dass meine Frau anwesend gewesen sei, befürchteten alle das Schlimmste für meine Frau. Auch ich konnte kaum die Heimkehr abwarten. Nachts um halb eins war ich zu Hause. Kaum war ich im Zimmer, als mein Schwager anrief und erzählte, dass der Arzt, der des Abends meine Frau operierte, gefunden hätte, dass es besser für sie wäre, nicht mehr aus der Narkose zu erwachen. Es wurde mir berichtet, dass der Arzt vielmals in meiner Wohnung angerufen hätte, um von mir die Zustimmung zu erhalten, sie einschlafen zu lassen. Aber er konnte niemand erreichen. Mein Schwager wusste, wo ich war, und als er in der Klinik anrief, um sich nach dem Befund zu erkundigen, wurde ihm dieses mitgeteilt.

Zu der Zeit, als meine Frau bei mir in Landsberg auf dem Podium stand, war der Arzt erleichtert und sagte zu der Leiterin der Klinik, die ihm assistierte: „Endlich ist sie eingeschlafen, ein Glück für sie." Er hatte schon seinen Kittel ausgezogen und wusch sich die Hände, da rief die Leiterin der Klinik, welche nochmals nach der Toten sah: „Herr Doktor schnell, wir müssen weitermachen, sie lebt wieder." Es waren etwa fünf Minuten, wo sie tot gewesen sein soll. Jene Zeit also, wo ihr Geist bei mir in Landsberg war. Der Arzt tat dann noch das Notwendige und nähte alles zu. Nach ein paar Tagen durften wir sie nach Hause holen und sie lebte noch etwa neun Monate, obwohl keine Hoffnung auf Besserung bestand. Es war Krebs in sehr großem Maße festgestellt worden.

An einem Sonntag, wo sie dem Tode nahe schien, hatte ich wiederum eine Gemeindekonferenz zu besuchen. Es war die kleinste Gemeinde des Distrikts, Flatow. Da wollte ich gerne zu Hause bleiben, um in ihrer Gegenwart zu sein. Aber sie bat mich flehentlich zu fahren, es sei eben meine Berufung vom Herrn, und den dürfe ich nicht enttäuschen. Sie gab mir ihr heiliges Versprechen, sie würde so lange leben, bis ich wieder zu Hause sein würde. Ich hatte immer eine Nichte bei meiner Frau, wenn ich des Sonntags weg musste, so auch an diesem Tage. Aber als ich heimkam, waren mehr als zwanzig Schwestern in der Wohnung, welche mich nicht gerade freundlich begrüßten und mir Vorwürfe machten. Da richtete sich meine Frau im Bett auf, bedrohte die Schwestern und sagte: „Ich bat meinen Mann zu fahren, um seine heilige Berufung zu erfüllen, ich gab ihm mein Versprechen, so lange zu leben, bis er wieder zu Hause ist. Habe ich dies nun gehalten oder nicht?" Die Schwestern wurden ruhiger und verließen einzeln die Wohnung. Des Morgens, etwa zwischen drei und vier Uhr, starb sie dann unter meinen Augen. Ich saß die ganze Nacht an ihrem Bett.

Ich habe viele Erlebnisse dieser Art gehabt, die in einem Ringbuch aufgezeichnet sind. Sie haben mein Zeugnis gestärkt. Nicht ich war es, der jene Wunder tat. Es war der Herr, ich war nur sein gehorsamer Diener, welcher gerade das tat, wozu der Herr mich beauftragte. Ich gebe Zeugnis, dass Gott lebt. Dass Jesus Christus wirklich vorhanden ist. Dass wir durch den Heiligen Geist inspiriert Dinge erfahren können, welche wir sonst nie erfahren hätten. Ich sage dies im Namen Jesus Christus und in tiefster Demut. Amen.

JOHANNES E. P. KINDT schrieb den vorliegenden Bericht im Alter von 83 Jahren. Er starb am 16. März 1984 in Hamburg. 1897 geboren, schloss er sich 1924 in Schneidemühl der Kirche an. Als stets aktives Mitglied war er in fast allen erdenklichen Berufungen tätig. Fast zwanzig Jahre wirkte er als Patriarch des Pfahles Hamburg. Rund 1500 Mitglieder verdanken ihm ihren patriarchalischen Segen. Nach dem Kriege trug er als Distriktspräsident entscheidend dazu bei, die Gemeinden im Hamburger Raum aufzubauen. Aus seinen zwei Ehen gingen sieben Knaben und drei Mädchen hervor.

Notizen

Weitere Bücher
von Reinhard Staubach:

Wiedersehen in Lissabon - Erzählungen

Starnitz - Eine Reise nach Pommern und Ostpreußen

Das Fledermaus-Sportfest - Illustrierte Erzählungen aus dem Reich der Fabeln

Ein Kiesel zum Verlieben - Gedichte

www.reinhard-staubach.de